Comment nous ferons la Révolution

PAR

E. PATAUD et E. POUGET

PARIS
LIBRAIRIE ILLUSTRÉE
J. TALLANDIER, Éditeur
75, Rue Dareau (XIVᵉ).

Comment
nous ferons la Révolution

E. PATAUD et E. POUGET

Comment nous ferons la Révolution

PARIS

Librairie Illustrée Jules TALLANDIER, Éditeur

75, Rue Dareau, 75 (14e)

AUX LECTEURS

Au baptême, notre volume a changé de nom. La faute en est à notre éditeur qui, en présentant sa couverture aux encres d'imprimerie, — qui sont les fonts baptismaux du Livre, — l'a saboté sans vergogne.

N'étant pas d'humeur acariâtre, nous ne lui en avons pas tenu rancune... et nous plaidons sa cause près de vous ; comme nous, vous amnistierez notre éditeur.

Et pourtant, le sabotage est patent !

Aux lieu et place du titre anachronique qui s'étale sur la couverture devait, en trois lignes, flamboyer :

COMMENT

NOUS AVONS FAIT

LA REVOLUTION

Tel est l'intitulé que devait arborer notre bouquin.

Car, vous le savez tous, la Révolution est accomplie !... Le capitalisme est mort.

Longtemps, la Camarde guetta la vieille société. L'agonie fut dure. La bête ne voulait pas mourir. Et cependant, le diable sait combien elle était malade !... Enfin, sa dernière heure sonna.

L'événement était escompté depuis tant et tant que la classe ouvrière, qui attendait l'héritage, n'a pas été prise au dépourvu. C'est que, au préalable, il s'était opéré en elle un travail de gestation et de réflexion qui, le moment psychologique venu, lui a permis de triompher des difficultés : petit à petit, elle avait acquis la capacité sociale, s'était rendue apte à gérer ses affaires, sans intermédiaires, ni prête-noms.

La classe ouvrière avait fait sien le mot que Sieyès appliquait, à la fin du dix-huitième siècle, au Tiers-Etat, et, lasse de n'être rien, elle voulait être tout !

Se dressant en opposition à la classe bourgeoise, elle se proclamait en insurrection permanente contre elle et se préparait à lui succéder. Dans les lézardes des institutions capitalistes, elle déposait les germes des institutions nouvelles et, vivifiée par le concept de grève générale, elle se familiarisait avec l'œuvre d'expropriation qu'elle affirmait nécessaire et fatale.

Déjà, dès 1902, la Confédération générale du Tra-

rail avait procédé à une enquête qui disait les intentions du Prolétariat :

Elle avait appelé l'attention des syndicats sur ce qu'ils auraient à faire, au cas de grève générale triomphente. Elle leur demandait d'examiner comment ils procéderaient pour se transformer de groupements de lutte en groupements de production ? Comment ils effectueraient la prise de possession de l'outillage et quelle conception ils avaient de la réorganisation des usines et des ateliers ? Quels rôles ils pensaient que joueraient, dans la société réorganisée, les fédérations corporatives et les Bourses du travail? Sur quelles bases ils prévoyaient que s'opérerait la répartition des produits ?

C'était tout le problème social posé en points d'interrogations.

Cette enquête ne fut d'ailleurs pas l'unique symptôme des préoccupations qui, de plus en plus, absorbaient la classe ouvrière. Le « Que faire au lendemain de la Grève Générale ? » tournait à l'obsession, s'incrustait dans les cerveaux, s'y condensait et s'y clarifiait.

Et c'est pourquoi, lorsqu'éclata la grande tourmente révolutionnaire, les masses populaires ne furent pas ignorantes et désemparées. C'est pourquoi, après avoir combattu, après avoir démoli, elles surent réédifier !

Ce fut une période d'enthousiasme magnifique. Les plus froids, les plus inconscients étaient secoués, réchauffés.

Ah ! les grandes et belles journées de tumulte et de fièvre ! Tragiques elles furent à vivre... douces elles sont au souvenir.

Ce qu'a été cette Révolution, — la plus grande et la plus profonde qui se soit encore accomplie, — nous allons le dire.

Nous allons évoquer et revivre cette période formidable et sublime. Nous allons assister à l'enfantement d'un monde.

EMILE PATAUD.

EMILE POUGET.

COMMENT
NOUS FERONS LA RÉVOLUTION

CHAPITRE PREMIER

La Débâcle

Par cet après-midi de dimanche printanier, de l'année 19.., des milliers de grévistes du bâtiment s'étaient rendus au manège Saint-Paul. La foule, accumulée dans la salle, surexcitée déjà par les longs jours de grève, électrisée par la griserie des paroles, énervée du piétinement dans la sciure de bois aux relents de crottin, s'exaspérait, devenait houleuse.

Il y avait de l'orage dans l'air. On sentait gronder les colères — prêtes à déflagrer.

Depuis une grande quinzaine, le travail était suspendu et toute la corporation était en lutte.

Les ouvriers, obstinés dans la résistance, voulaient vaincre, — et les patrons, sûrs de l'appui du gouvernement, se refusaient aux moindres concessions.

Le meeting finissait.

La sortie fut entravée par les coutumières mesures

de police. La facilité de barrer l'étroite rue où était situé le Manège avait permis de rendre plus compacts les cordons de sergents de ville. Et, par excès de précaution, un filtrage rigoureux et d'une énervante lenteur contrariait l'évacuation de la salle.

La foule s'irrita de l'embouteillage qui lui était imposé. Comme un élément trop comprimé, elle se détendit brusquement et, en une poussée furieuse, elle disloqua les barages policiers. Malgré leur carrure et leur nombre, les agents des brigades centrales furent refoulés et la sortie s'effectua plus rapide.

Les officiers de police, encolérés par l'échec de leurs précautions, ordonnèrent le ralliement et lancèrent leurs troupes au revers du flot populaire qui s'écoulait bruyant par la rue Saint-Antoine.

Les grévistes firent front à l'attaque et, en peu de temps, la bagarre dégénéra en échauffourée : quelques tables et chaises, prises aux terrasses des cafés, des planches, un tramway renversé, s'esquissèrent en barricade. La résistance ouvrière fut vive ; on se battit avec acharnement.

Tandis que ces incidents se déroulaient rue Saint-Antoine, une colonne de grévistes avait obliqué par la rue de Rivoli et se dirigeait vers les grands boulevards. Comme les quelques sergents de ville épars, non plus que les quelques postes de soldats gardant les chantiers déserts ou bivouaquant de ci de là, n'étaient de taille à lui barrer le chemin, elle y parvint sans obstacles.

Les boulevards étaient encombrés par la cohue des promeneurs, — ainsi que des flâneurs installés aux terrasses des cafés. La manifestation jeta la surprise, le tumulte et l'effroi dans cette foule et, l'entraînant en partie, elle dévala en torrent vers la Madeleine, grossie de curieux, de jeunes gens.

Aussitôt avisé, le préfet de police avait donné ordre de diriger des bandes d'agents contre les manifestants. Pour aller vite, on les entassa dans le métro et on les débarqua place de l'Opéra. Ces bandes, augmentées des soldats qui montaient la garde au chantier de la place et aux chantiers voisins, on les lança à la rencontre des grévistes.

Le choc se produisit proche le Vaudeville. Les policiers, mettant vite le sabre à la main, se ruèrent sur les manifestants. Ceux-ci, indignés et exaspérés, ne lâchaient pas pied. Ils se défendaient comme ils pouvaient, faisant arme de tout ce qu'ils trouvaient auprès d'eux. Mais, combien inégal était le combat ! Bientôt, quelques coups de feu éclatèrent. D'où partirent les premiers ? Des agents ?... Des grévistes ?... On ne sut ! Toujours est-il que les revolvers d'ordonnance des sergents de ville firent davantage de victimes que les pétoires des manifestants.

Ceux-ci tenaient toujours tête et la lutte ne faisait que grandir leur courage. Comment cela finirait-il ? Quoique mal armée, la multitude était redoutable par sa fureur et son impétuosité. Or, les officiers de police ne voulaient pas que leurs hommes reculassent ; ils firent intervenir la troupe.

Les soldats, rendus plus inconscients encore par la fièvre de la bataille, par les coups reçus, obéirent comme des automates. Aux ordres qui leur furent donnés, ils épaulèrent, ils firent feu !...

Il y eut un recul formidable de la foule. On eût dit d'une faulx qui passait sur elle ! Maintenant, les cris de douleur se mêlaient aux clameurs de malédiction et de colère. Outre les blessés, nombreux du côté ouvrier, il y avait des morts !

La cavalerie, mandée en toute hâte, arriva à la rescousse. Elle fonça sur les boulevards par les rues adjacentes et parvint à disloquer la manifestation. Mais la foule, quoique coupée en tronçons, ne s'éparpillait pas. Les groupes, rejetés hors de la grande artère, se coagulaient à nouveau et se dirigeaient vers les faubourgs, se rendaient aux salles où, le soir, se tenaient des réunions. Sur le parcours, ils clamaient leur indignation et répandaient partout la nouvelle de la bataille, de la tuerie.

Après la grande fusillade, il y avait eu un court moment d'angoissante accalmie. Les manifestants avaient ramassé les blessés, les avaient transportés aux pharmacies voisines. Quant aux morts, leurs corps, farouchement gardés par leurs camarades, avaient été étendus sur des autos et, en procession lugubre, transportés au siège de la Fédération du Bâtiment. Là, en une salle hâtivement transformée en chambre mortuaire, les cadavres des malheureux furent déposés.

Le tragique de cette journée, si brusquement haussé au diapason de guerre sociale, n'éclatait pas dans un ciel sans nuages. L'atmosphère était lourde déjà de rancunes et de colères. On vivait une période trouble, angoissante. On pressentait, à la nervosité et au malaise général, que des incidents minimes pouvaient se répercuter en événements d'une intensité grandissante.

Un hiver, long et âpre, avait accentué les causes d'inquiétude. Il y avait eu de rudes souffrances aux foyers ouvriers : aux épreuves de la saison s'étaient ajoutées les rancœurs d'une cherté des produits que la raréfaction n'expliquait point. Le peuple la mettait au compte d'accapareurs.

Aussi, dès le renouveau, le bouillonnement revendicatif s'était accentué. On eût dit que, sous les caresses du soleil, pour peu réchauffant qu'il fût encore, les travailleurs étaient pris d'un besoin d'action, de la nécessité de détendre leurs muscles, d'en éprouver la vigueur, afin de s'assurer que l'âpreté de l'hiver n'avait pas atténué leur résistance.

L'antagonisme entre ouvriers et patrons était d'ailleurs parvenu à un tel degré qu'on pouvait supposer atteint le maximum de tension. Dans les deux camps, on se considérait comme en permanent état de guerre, — interrompu seulement par des armistices qui n'apportaient dans les relations d'employés à employeur que des éclaircies de courte durée.

Des deux côtés, on s'était fortement organisé pour la lutte. En face des syndicats ouvriers et de leurs fédérations corporatives, qu'unifiait la Confédération du Travail, les capitalistes avaient, dans bien des branches, trusté l'industrie ou, tout au moins, constitué des associations de protection et de défense contre les grèves. Aussi, dès qu'une cessation de travail menaçait leur sécurité, les patrons répondaient par le *lock-out,* — jetant indistinctement hors des usines ou des ateliers tous les ouvriers de la corporation.

Ces pratiques de défense patronale avaient, en maintes circonstances, occasionné de douloureuses répercussions dans les rangs ouvriers, y semant la misère et, pour un temps, y disloquant les syndicats intéressés. Comme ces crises n'avaient été que momentanées et partielles, les souffrances qu'elles avaient entraînées n'avaient pas dépassé un rayon restreint. Dans son ensemble, la classe ouvrière n'avait ressenti que par solidarité l'effet de ces mesures : aussi, loin d'atténuer la virulence de ses revendications, elles l'avaient fortifiée, accentuée.

Leur effet avait donc été diamétralement contraire à celui qu'escomptaient les patrons : elles n'avaient pas déprimé les exaltés, mais avaient jeté dans l'orbite syndical les plus indécis, les plus inertes, les moins combatifs d'entre les prolétaires.

Il advenait ce qui se constate aux époques de fermentation révolutionnaire : les tentatives faites pour enrayer la croissance du mouvement subversif tournaient à son avantage.

En la circonstance, la plus tangible conséquence des efforts compressifs des capitalistes, était de rendre plus profonde, plus complète, la rupture entre eux et la classe ouvrière. C'était au point que, maintenant, les périodes d'accalmie étaient rares.

Quand la crise s'atténuait dans une corporation, elle s'envenimait dans une autre. Les grèves succédaient aux grèves ; aux *lock-out* répondaient les boycottages ; le sabotage sévissait avec une intensité ruineuse.

Tant et si bien que des industriels, des commerçants en venaient à considérer comme peu enviable, — voire intenable, — leur situation de privilégiés.

Au point de vue politique, l'horizon n'était pas moins sombre qu'au point de vue économique. La République avait perdu son attirance d'antan. Elle avait déçu tous les espoirs. Au lieu de devenir ce que, sous l'Empire, on avait rêvé qu'elle serait, — un régime social, ébauche d'un monde nouveau, — elle était ce que la structure de la société rendait inévitable : un gouvernement faisant, comme ses prédécesseurs, les affaires de la classe possédante, — de la Bourgeoisie.

Les partis s'étaient succédés au pouvoir sans que le peuple en éprouvât un mieux-être, y vît un progrès sensible. Les hommes ayant figure de conservateurs avaient passé la main à des adversaires qui se posaient en rénovateurs, s'empanachaient de socialisme. Mais ces derniers qui, dans l'opposition, avaient bataillé pour les grands principes — pour la justice ! pour la vérité ! — une fois haussés au pouvoir, devenus les plus forts, n'avaient pas été meilleurs que les autres.

Et ceci avait parachevé la ruine des illusions populaires ; il éclatait, aux yeux des moins prévenus, que le parlementarisme avait au cœur des germes morbides, dissolvant les bons vouloirs, putréfiant les consciences.

Pour comble, les vices du gouvernementalisme

s'étalaient plus crûment que jamais : la gabegie, le trafic des influences, la pillerie du trésor public, tous les marchandages, toutes les scélératesses, tous les scandales. Les ministères étaient des boutiques où le moins déloyal commerce était celui des décorations, — ce qui ne lésait que la bourse des vaniteux.

Toute cette boue, toute cette honte, qui sourdait fatalement de l'État, ne coulait pas plus noire et plus fétide que sous les régimes anciens. Mais, le sens critique du peuple s'était développé, sa clairvoyance s'était accrue et la répulsion lui venait de ce qui, autrefois, le laissait insensible. Aussi, son dégoût et ses rancœurs ne lui faisaient pas perdre la notion des réalités : il ne regardait pas en arrière et n'escomptait rien de profitable d'un retour à des formes gouvernementales surannées. S'il était saturé de scepticisme et subissait le Parlementarisme, — comme une maladie dont on ignore par quel traitement se guérir, — il savait au moins qu'aucun des spécifiques politiques ne serait un remède efficace.

Cette maturité de raisonnement, cet accroissement de conscience, qui gagnait de plus en plus le peuple, ne l'illuminait pas au point d'éclairer pleinement sa route. Il pressentait que les agrégats de la vie nouvelle étaient au delà du parlementarisme ; il entrevoyait ses germes dans le fédéralisme économique qu'annonçaient les syndicalistes ; il sentait grandir en lui une puissance sociale qui éliminerait la force militaire, gouvernementale et capitaliste à son déclin... Mais, ce n'étaient qu'aspirations vagues. Pour leur donner corps, il y fallait la fécondation révolutionnaire.

Contre la classe ouvrière, de plus en plus vigoureuse et forte, se développant toujours en conscience,
les gouvernements avaient usé tantôt de la manière
douce, tantôt de la manière forte. Mais, ni la compression folle et la persécution furieuse, ni la corruption douceâtre et la distribution de faveurs ne
l'avaient amollie. La masse populaire était soutenue
par une telle volonté, elle était si profondément
saturée d'esprit de révolte que rien ne la déprimait.
Il y avait en elle une force d'impulsion qui déconc-
certait tous les projets réacteurs et faisait avorter
les mesures oppressives qui paraissaient les mieux
combinées ; tandis qu'au contraire, les misères du
peuple, ses maladresses et aussi ses fautes servaient
au succès de sa cause.

Ce phénomène, qui s'était déjà constaté souvent,
allait se constater plus encore, au fur à mesure que
les événements allaient s'accentuer.

Les organisations syndicales, foyers des aspirations populaires, étaient le permanent danger que le
pouvoir cherchait à briser, — soit en les attaquant
de front, soit en les minant hypocritement. Rien
n'était efficace !

Quand le gouvernement se faisait aimable, con-
ciliant et qu'il tentait d'amadouer les travailleurs,
ceux-ci, loin de se laisser engluer, profitaient des
circonstances pour accentuer leur action.

De même, ils ne se laissaient pas abattre quand,
changeant de tactique, le gouvernement revenait à
la manière brutale et, au plus mince conflit, mobi-
lisait l'armée, la faisait bivouaquer de champs de

1.

grève en champs de grève et multipliait les incidents tragiques.

En un cas, comme en l'autre, la classe ouvrière s'aguerrissait. Elle prenait possession de la rue, se familiarisait avec les tactiques de résistance. Elle apprenait à ne pas lâcher pied devant les bandes policières et à neutraliser la troupe lancée contre elle.

A être successivement choyée ou morigénée, elle prenait le gouvernement en profond mépris, elle n'avait pour lui que de la haine et perdait de jour en jour sa passivité.

Et c'est pourquoi la sortie mouvementée du meeting du manège Saint-Paul avait si brusquement tourné à la bataille, à l'émeute.

Il y avait une quinzaine de jours que la grève du Bâtiment mettait Paris en effervescence. Elle avait débuté par un mince conflit, sur un chantier : A l'appel de solidarité de quelques ouvriers lésés, leurs camarades des diverses spécialités avaient posé les outils et, rapidement, tout le chantier s'était trouvé en grève. Les patrons, grisés par leur forte coalition, au lieu de chercher à circonscrire le conflit, avaient cru profitable de l'envenimer et, de répercussions en répercussions, la grève avait gagné toute l'industrie.

Simultanément, d'autres grèves se déroulaient, tant à Paris qu'en province, aggravant le malaise, surexcitant les esprits.

Rien qu'à Paris, les plus approximatives statistiques supputaient que cent milliers d'ouvriers, de diverses catégories, étaient en bataille.

En province, pour être plus éparpillée, l'agitation

n'était pas moins vive. Et, symptôme caractéristique, le bouillonnement n'était pas circonscrit aux centres industriels ; les régions agricoles étaient contaminées aussi. Partout, aux moindres incidents, les tiraillements et les heurts entre le travail et le capital s'épanouissaient en conflits violents, en grèves d'une acuité toujours accrue.

Dans cette atmosphère surchauffée, où couvaient et s'avivaient les haines contre le patronat et le gouvernement, se propagea, avec la spontanéité d'une décharge électrique, la nouvelle des bagarres autour du manège Saint-Paul et du drame qui avait ensuite taché de sang ouvrier le pavé des grands boulevards.

Ce fut d'abord de la stupeur, de la consternation. Puis, les poings se serrèrent, les colères fulgurèrent. La masse du peuple, angoissée, indignée, vibra et la surexcitation atteignit le paroxysme.

L'orage crevait !

Cette tuerie, — pas plus meurtrière que tant de précédentes, — venait de précipiter les événements, de créer une situation révolutionnaire.

CHAPITRE II

Lendemain de massacre

Le lundi matin, Paris avait l'aspect fébrile des
grands jours. Un soleil rougeâtre perçait avec peine
le ciel gris et bas. Le vent soufflait par rafales,
apportant de l'est une cinglante froidure. On eût dit
que l'atmosphère reflétait l'état d'âme du peuple :
en lui roulaient des pensées, sombres et tumul-
tueuses, que le vent de la colère faisait présager
grosses de révolte.

Dès patron-minette, la foule des faubourgs avait
déambulé moins compacte que d'habitude. Les
wagons du métro, les autobus, les tramways étaient
moins bondés.

Les ouvriers qui, par accoutumance, avaient quitté
leur logis pour se rendre au travail lisaient avide-
ment leur feuille quotidienne, achetée au kiosque,
fraîche sortie des rotatives, maculant encore et traî-
nant après elle l'odeur fade d'encre d'imprimerie.

Des pressentiments pénibles, une vague anxiété
s'épandaient, serrant les cœurs, crispant les visages.

De brèves conversations s'engageaient, ponctuées de réflexions brutales, dont le gouvernement faisait les frais.

La note dominante était pessimiste : « Ça allait tourner au vilain... », disaient les circonspects.

De ci, de là, quelques mouvements subits et impétueux, quelques exclamations furieuses secouaient la torpeur moutonnière.

Ceux qui étaient partis au travail étaient les ouvriers dociles, les souples, les résignés. Or, sur ceux-ci même passaient des bouffées de colère, fusant en interjections violentes.

Aux usines, aux ateliers, incomplètes furent les équipes. Et, qui plus est, les ouvriers présents n'apportaient pas à la besogne l'ardeur coutumière ; leurs gestes se ressentaient de l'inquiétude et de l'anxiété qui les poignait.

La veille, dans les réunions diverses tenues le soir, — meetings, soirées familiales ou récréatives, — les événements de la journée avaient été commentés par des orateurs dont l'indignation faisait l'éloquence.

Ces réunions, les membres des comités de grève les avaient visitées, les unes après les autres. Pour dramatiser leurs paroles, ils avaient dépeint l'agonie des victimes, avaient revécu les douleurs de leurs proches, dit l'affre et le désespoir des veuves, des enfants. Clamant la fureur dont ils débordaient, ils concluaient que la solidarité prolétarienne devait se manifester par la cessation complète du travail : il fallait le suspendre sur l'heure, sans attendre que les organisations syndicales en donnent le signal.

Le mot d'ordre se propagea, par vibrations spontanées, par accord tacite. Et c'est pourquoi, dès le lundi matin, le courant favorable à la grève était déjà important et la reprise du travail très partielle.

Bientôt, les rues se sillonnèrent d'une foule nerveuse, en quête de nouvelles, se dirigeant vers la rue Grange-aux-Belles et la Bourse du travail et, surtout, ayant pour point d'attraction le théâtre de la tuerie, le coin des grands boulevards, où étaient tombées les victimes.

Tout le jour, on y pélerina. La coulée humaine dévalait, recueillie, émotionnée, sans que jaillissent d'autres cris que les appels des camelots offrant les dernières éditions des journaux. Lorsqu'il se faisait des remous de foule, quand des groupes se formaient, ils étaient aussitôt désagrégés par la police ; à son traditionnel « circulez », lancé avec une componction inaccoutumée, il était obéi à regret, rétivement. On eût dit que la foule s'éveillait d'un long engourdissement ; elle regardait les policiers comme un objet d'horreur, sans avoir encore l'énergie de la résistance.

Dans la nuit, des gerbes de fleurs avaient été apportées et accumulées en pyramides, aux places tachées de sang. Les autorités, redoutant d'accroître la surexcitation populaire, les avaient laissées, se bornant à accentuer les mesures de police et à renforcer les postes de soldats, sur les chantiers et aux carrefours.

Les conseils des syndicats, les comités des fédérations et de la C. G. T. s'étaient réunis d'urgence. La décision prévue de leurs délibérations était en passe d'exécution : la grève de solidarité.

Il fut convenu d'inviter les travailleurs de toutes corporations à suspendre le travail et à continuer la grève jusqu'au jour où le gouvernement s'engagerait à poursuivre les fusilleurs et à rechercher les responsables réels, — outre les bras qui avaient frappé, — la tête qui avait commandé.

La déclaration de grève, vite connue, se propagea avec une rapidité telle que, — quoique décidée à partir le lendemain seulement, — la cessation de travail prenait, dans le courant de l'après-midi, une extension considérable. Des colonnes de manifestants se formèrent qui, allant d'ateliers en usines, annonçaient la décision de grève et faisaient honte aux indécis rechignant à quitter le travail. En la plupart des cas, de longues objurgations étaient superflues ; le débauchage s'effectuait sans grands tiraillements.

Tandis que le peuple entrait en branle, les événements qui l'émouvaient glissaient sur l'épiderme des parlementaires. Une demande d'interpellation, déposée à la Chambre par les députés socialistes, était froidement accueillie par les gouvernementaux et les droitiers, faisant bloc contre les syndicats. Les ministres se refusèrent à fournir des explications et exigèrent d'être couverts sans débat ; plus tard, quand le calme serait rétabli, ils répondraient aux interpellateurs. Au surplus, avec l'optimisme et l'aveuglement qui, toujours, à la veille des révolutions ont caractérisé les gouvernements, ils annoncèrent qu'il n'y avait pas à prendre les choses au tragique et que, dans peu de jours, l'ordre régnerait, complet. Haut la main, une majorité compacte les approuva.

Le peuple, loin d'attendre rien de favorable du parlement, le tenait avec raison pour son ennemi. Il répondit par le mépris et des sarcasmes à son indifférence. Aussi ne s'indigna-t-il pas de son attitude. Il n'espérait plus rien de lui et sut le marquer par son peu d'empressement à se porter vers le Palais-Bourbon.

La place de la Concorde où, aux périodes troublées de la fin du dix-neuvième siècle, anxieuse des décisions de la Chambre, une houle humaine déferlait, n'était plus guère qu'un centre d'éparpillement.

Le populaire, qui débordait des boulevards, où il était venu par sympathie, — ou simple curiosité, — pour voir le théâtre du massacre, était entraîné vers la Madeleine et la place de la Concorde.

Il venait là, poussé et non attiré !

Autour de l'Obélisque et des fontaines qui lui font ceinture, la foule refluait donc, un moment retenue par la magie du spectacle qui s'offrait à elle : le soleil plongeant derrière l'Arc-de-Triomphe, illuminant l'avenue, incendiant les rameaux encore noirâtres des arbres. Et les regards, charmés, n'étaient pas détournés par le palais législatif, dont la masse écrasée, engluée d'ombre, avait des aspects de monument funéraire, donnait l'impression d'entrer dans la nuit, d'être une chose morte, d'être déjà le passé.

La journée se termina sans de trop graves incidents. Journée d'expectative durant laquelle les adversaires s'observent, plus qu'ils ne se heurtent. Il n'y eut de bagarres que sur quelques points. Elles furent suscitées par les maladresses d'agents qui, n'appréciant pas à quel degré était diminuée la docilité habituelle de la foule, croyant pouvoir la bousculer comme à l'ordinaire, eurent l'imprudence de tenter des arrestations. Mais le peuple, prompt à s'encolérer, intervint et s'acharna, n'ayant de cesse qu'après avoir obtenu, ou effectué de vive force, la délivrance des prisonniers. Cet irrespect de l'uniforme, ces rebiffades brusques et encore anodines, étaient un présage de mauvais augure pour l'autorité.

La soirée venue, l'agitation fut d'un autre ordre, mais elle ne s'atténua pas : comme la veille, elle se concentra en de multiples réunions, — meetings divers, réunions de groupes, assemblées de syndicats. Les salles regorgeaient d'auditeurs enflévrés, et les nouveaux arrivants, faute de place, s'amassaient aux portes. Sobres étaient les discours. Ce n'était plus l'heure de palabrer longuement, mais d'aviser aux mesures à prendre, d'agir avec décision et vigueur, afin d'accentuer le mouvement de grève, de l'accélérer et de l'amplifier jusqu'à le rendre unanime.

Les organisations syndicales avaient toutes leurs comités en permanence. Le Comité Confédéral, en un premier manifeste, avait posé les conditions de la grève, défini l'ultimatum au gouvernement, qui était mis en demeure de poursuivre les assassins, de rendre justice à la classe ouvrière.

Une parenthèse est nécessaire : au seuil de cette grève, dont les conséquences allaient être incalculables, les initiateurs la rétrécissaient à un ultimatum au gouvernement. Il n'y a pas à s'en étonner. Il en est des cataclysmes sociaux comme des organismes vivants : ils naissent d'une cellule, d'un germe qui se développe graduellement. Aux débuts, l'être est faible, la révolution est informe. Celle-ci est même tellement informe que ses plus ardents partisans, ceux qui, dans leur for intérieur en appellent la venue et voudraient la pousser jusqu'à ses plus ultimes développements, la souhaitent plus qu'ils ne la pressentent.

Ainsi a-t-il été de toutes les révolutions antérieures : elles ont surpris leurs adversaires et, quelquefois, leurs plus fidèles zélateurs. Mais, au cours de toutes, ce qui a caractérisé les hommes profondément révolutionnaires, c'est qu'ils ont su profiter des événements, ont toujours été à leur hauteur, n'ont jamais été dépassés par eux... Il en advint pareillement, cette fois encore.

Ceci observé, revenons au Comité Confédéral : à l'heure où nous sommes, la pensée qui l'animait et qui résumait les aspirations communes, était de réaliser une suspension de travail tellement complète que le gouvernement en fût ébranlé. Pour le surplus, les circonstances décideraient !

Donc, le Comité lança son manifeste. Après quoi, il s'entendit avec les conseils fédéraux des corporations, pour l'envoi de délégués en province. Ceux-ci reçurent mission de se diriger d'abord sur les points industriellement et commercialement stratégiques : sur les grandes artères de circulation, sur les centres dont la production était de primordiale utilité pour le fonctionnement social. Ils devaient y exposer les raisons de la grève, y souffler l'enthousiasme, y ranimer les courages qui, détrempés par les fausses nouvelles, hésiteraient à l'action. Telle était leur besogne, de centre en centre.

Les groupements syndicaux n'étaient pas seuls en émoi. Tous les agglomérats de révolutionnaires, groupes antimilitaristes et organisations secrètes tenaient des réunions, se préoccupant des concours à apporter au mouvement, des initiatives bonnes à prendre.

Plus que tous, les groupements antimilitaristes se dépensaient. Leur activité s'était décuplée avec la grève du bâtiment. Un fertile champ de propagande s'offrait à eux ; chapitrer les soldats, éparpillés dans le camp retranché que semblait devenu Paris, leur rappeler qu'avant d'être des troupiers ils étaient des hommes et qu'ils se devaient de ne pas se souiller du sang de leurs frères de travail.

A cette œuvre, ces groupes s'adonnaient avec une fougue inlassable et ardente.

Si, du côté du peuple, la grève se coordonnait, de son côté, le gouvernement ne restait pas inactif. Jugeant superflu d'accentuer les mesures défensives, — déjà respectables, — qu'il avait prises, il se préoccupa de parer à la suspension de travail. Il était d'ailleurs très confiant. Les précédentes tentatives de grève générale n'ayant jamais été que partielles, il supputait qu'il en serait de même cette fois.

Cependant, il ne voulait pas être pris au dépourvu ; il entendait faire montre de ses aptitudes à refréner le péril social, — autant pour maintenir son prestige que pour éviter des émotions à la Bourgeoisie. Il ne le pouvait qu'en obviant aux ennuis de la grève, grâce à la main-d'œuvre militaire. Il donna donc des instructions en ce sens.

De rapides enquêtes, près des syndicats patronaux et des grandes Compagnies d'exploitation, avaient fait connaître, approximativement, les quantités de soldats nécessaires pour remédier à la grève en assurant tant bien que mal le travail. En conséquence, une mobilisation fut préparée pour industrialiser l'armée.

Certains proposaient que, sans délai, des soldats fussent immédiatement installés près des ouvriers. Nul de ceux-ci, prétendaient-ils, en voyant à ses côtés son remplaçant disposé à se substituer à lui, n'oserait faire grève.

Les patrons, plus psychologues, objectèrent que ce procédé aurait des effets désastreux et qu'il révolterait les plus timorés. On s'en tint à dresser la liste des professions et des catégories dans lesquelles, le cas échéant, les troupiers seraient incorporés.

Et alors que, dans les deux camps, on prenait les dernières dispositions de combat, la nuit s'avançait.

L'énorme ville s'engourdissait dans une anxieuse torpeur et, contrastant avec la bruyance de la journée, un silence morne s'épandait sur elle. Il n'était troublé que par la cadence des patrouilles, zigzaguant de rues en rues.

CHAPITRE III

La déclaration de grève

L'éveil de Paris, le mardi, fut celui d'un paralytique. Non seulement l'engourdissement de la nuit continuait, mais il paraissait croître avec le jour. Le silence ne s'était pas dissipé avec les ténèbres. De la rue ne montait pas le bourdonnement accoutumé de bête énorme, symphonie des bruits divers qui, dès le matin, annonçait la reprise de l'activité.

L'arrêt du travail qui, la veille, n'avait été que spontané et s'était effectué au hasard des initiatives et des impulsions, se régularisait et se généralisait avec une méthode qui dénotait l'influence des décisions syndicales.

L'indignation populaire, qui était au paroxysme, allait contribuer à l'accélération du mouvement. Le peuple était imbu d'un si profond sentiment de pitié pour les victimes du Pouvoir et si intense était sa colère, contre lui et ses suppôts, qu'il se lançait dans la grève avec soulagement et satisfaction.

Cependant, les siens — plus que quiconque —

seraient durement touchés par la crise. Outre l'inévitable disparition du gagne-pain qui, pour les prolétaires, était l'immédiate conséquence de la suspension du travail, la grève comportait pour eux toute
une série d'ennuis et de calamités. Malgré tout, ils
allaient à l'aventure, la joie au cœur, résolus à subir
stoïquement les vicissitudes qui feraient cortège aux
événements dont ils allaient être les acteurs principaux.

Les privilégiés voyaient poindre le conflit d'un
œil moins serein. Nulle humeur combative ne les
secouait, nul idéal ne les réconfortait. Ils ne songeaient qu'à jouir sans trouble. Or, ce qu'ils voyaient
de plus clair dans la grève dont ils étaient menacés,
c'était la perturbation qu'elle allait apporter dans
leur existence, leurs habitudes, leurs plaisirs.

D'ailleurs, sauf dans les cas où leurs intérêts particuliers étaient directement en jeu, ils avaient tendance à apprécier les conflits sociaux, non d'après
leur importance réelle, mais d'après les inquiétudes
ou les dérangements qu'ils leur occasionnaient. Pour
eux, la grève d'un quarteron de musiciens, qui les
privait d'une représentation théâtrale, ou celle de
quelques douzaines de garçons d'écurie de courses,
qui déséquilibrait leurs paris, prenait des proportions plus graves qu'une grève de dockers immobilisant le trafic d'un grand port.

On conçoit donc qu'ils fussent émus et effarés
par la perspective d'une grève de tout !...

Cependant, au réveil, ils eurent une joie : les journaux avaient paru. Ils annonçaient bien qu'ils ne

savaient s'ils pourraient reparaître demain, la grève
n'étant plus, pour leur personnel ouvrier, qu'une
question d'heures... qu'importait ! Ils avaient paru.
C'était de bon augure.

Par contre, un spectacle les stupéfia, qui brouilla
leur joie première : les becs de gaz de la rue flam-
baient tous comme avant minuit. La veille, avec
un soin minutieux, les allumeurs avaient fait leurs
rondes d'allumage. Après quoi, la conscience tranquille, ils avaient jugé superflu de procéder à l'opération d'extinction et avaient dormi leur nuit pleine.

Et combien nombreux, outre cela, les sujets de
désarroi et d'étonnement. Et chacun prenait les
choses selon son humeur : les uns s'émouvaient de
la gravité et du tragique des événements ; les autres
s'en moquaient.

Le métro ne fonctionnait plus. Il était pourtant
desservi par un personnel considéré de tout repos.
Les révolutionnaires, avec une ironie amère, prétendaient que les risques de maladie qui y étaient considérables (la tuberculose faisait d'effrayants ravages
dans le tunnel) contribuaient, avec la modicité des
salaires, à rendre ce personnel souple et docile. Un
syndicat jaune, constitué avec l'agrément de la compagnie, fonctionnait quasi seul. Le syndicat rouge
n'était qu'un squelette. Cependant, le métro ne fonctionnait pas !

Au matin, quand le personnel fidèle avait voulu
mettre les trains en service, il ne l'avait pu, faute
de courant. Les heures de la nuit avaient été mises
à profit pour une efficace opération de déboulonnage

et la force électrique ne coulait plus dans les câbles. D'ailleurs, les usines génératrices étaient en sommeil. Lorsque leurs équipes de jaunes avaient voulu mettre en route les puissantes dynamos, on avait constaté un considérable sabotage : il y avait de la poudre d'émeri dans les paliers ; on avait déconnexé certains appareils, d'autres avaient été mis en court-circuit...

Il avait été si efficacement opéré que la mise en fonctions des dynamos était, sinon impossible, du moins passablement dangereuse pour qui la tenterait. On ne l'essaya pas et on se préoccupa uniquement de réparer les dégâts.

Les tramways, ainsi que les autobus, ne circulaient pas. Dans la nuit, le syndicat avait tenu, en plusieurs quartiers, des réunions, au cours desquelles la suspension immédiate du travail avait été décidée. Aussi, aux dépôts, d'où s'effectuaient les premiers départs, rares furent les employés. Par contre, une foule animée stationnait aux portes, disposée à entraver la sortie des voitures, au cas où quelques faux frères eussent voulu travailler quand même.

La trotte désordonnée et cahoteuse des voitures de laitiers, que rythmait le brinballement des pots à lait, n'avait pas, à l'heure grise qui précède le jour, secoué le pavé des rues. La veille, le syndicat en avait convenu ainsi, de sorte que, ni les employés des compagnies trusteuses, ni ceux des patrons isolés n'étaient montés sur leurs sièges.

D'autre part, les quartiers aristocratiques et commerçants bénéficiaient d'un boycottage désagréable et mal odorant : sur les trottoirs, les poubelles étalaient le trop plein de leurs détritus. Au contraire, dans les quartiers ouvriers et populeux, les boueux avaient, comme de coutume, procédé à l'enlevage des ordures ménagères.

Ce choix des quartiers sur lesquels allait peser plus durement la grève, les charretiers des tombereaux de la voirie n'étaient pas seuls à le pratiquer. Dans les mêmes parages, les balayeurs municipaux s'étaient abstenus de nettoyer rues et boulevards, ainsi que d'y procéder à l'arrosage quotidien.

Dans nombre de corporations, d'identiques mesures de boycottage avaient été prises.

Les travailleurs prouvaient ainsi qu'ils savaient allier à une nette conscience des nécessités de la lutte de classes, le doigté compatible avec les circonstances.

La grève générale avait pour but de mettre en valeur la puissance d'action dissolvante de la classe ouvrière et, outre cette manifestation morale, d'atteindre matériellement ses adversaires, de les frapper dans leurs besoins et dans leurs plaisirs.

En tenant compte de l'enchevêtrement social, il était difficile aux travailleurs de porter des coups à leurs ennemis, sans se frapper eux-mêmes par ricochets ; ils se résolvaient, de gaieté de cœur, à cette fatalité. Cependant, ils n'avaient pas scrupule de s'éviter cette répercussion, lorsqu'ils le pouvaient, sans mettre en péril le principe de la grève générale. A ce mobile obéissaient les travailleurs qui, par cordiale camaraderie (tels les boueux et les balayeurs des rues) s'efforçaient d'atténuer, dans les quartiers ouvriers, les inconvénients de l'arrêt du travail.

Cette clairvoyance de l'accord nécessaire entre frères de classe, jaillissant en plein conflit, était un symptôme de l'orientation qu'allait prendre la grève générale : à sa phase, d'abord purement dissolvante et unilatérale, allait succéder une phase de solidarité effective, de reconstitution sociale.

Pour l'instant, la portée du conflit, encore à son début, résidait dans la démonstration de la toute-puissance de la classe ouvrière, manifestée par un acte négatif : l'immobilité, succédant à l'inlassable activité.

Et cette immobilité gagnait de proche en proche !

Aux boulangeries, le pain manquait en partie. Les ouvriers avaient, en proportions considérables, abandonné le travail. Les patrons, s'ingéniant à les suppléer, avaient mis la main à la pâte. Seulement, en bien des fournils, les mitrons, — qui avaient la pratique des grèves, — avaient pris la précaution, avant de se retirer, de rendre les fours momentanément inutilisables. Et ce, sans les détériorer, sans y jeter de produits nocifs. De ce fait, quantité de boulangers se trouvaient dans un complet embarras.

Aux boucheries, la disette de viande n'était pas encore sensible. La grève ne s'y constatait que par une pénurie de personnel, nombre de garçons bouchers ayant déposé le tablier.

Aux épiceries, aux grands bazars d'alimentation, même marasme : un personnel restreint assurait le service.

Aux Halles, l'encombrement de la matinée n'avait pas eu la densité habituelle. Il y avait eu du calme, au lieu des bousculades et du tohu-bohu journaliers. Les maraîchers des environs, redoutant des incidents, ne s'étaient guère aventurés. La plupart avaient préféré s'abstenir du voyage. Aussi, n'eussent été les expéditions de province, qui affluaient encore, le marché eut eu piètre physionomie.

Cette insuffisance eut sa répercussion en tous les quartiers ; les marchands de primeurs, de légumes, de victuailles furent chichement approvisionnés.

Ainsi, dès le premier jour de grève, un resserrement symptomatique affectait l'essentiel trafic, le commerce de l'alimentation. Et comme la question du ventre primait toutes les autres, ce signe avant-coureur d'une possible disette ne pouvait que surexciter les inquiétudes, accroître les angoisses.

Cette perturbation, qui se révélait alors que le geste d'inertie de la classe ouvrière s'esquissait à peine, était une probante affirmation de sa force. Le prolétariat était donc bien le grand metteur en œuvre de la Société : il était le bœuf qui, la tête prise au joug, toujours courbée vers la terre, avait sans fin ni trêve creusé le dur sillon, le fécondant de sa sueur.

Et voici que le bœuf, las de trimer sous l'aiguillon, s'arcboutait sur la terre fraîche et, relevant le front, sondait l'avenir. Qu'allait-il en découler ? Après avoir prouvé qu'il est le rude et bon ouvrier social, que sans lui, du champ ne sortiraient que ronces et épines, que sans lui rien n'est rien, allait-il avoir l'audace de vouloir être tout ?

Pour l'heure, il s'en tenait à la résistance passive.

Dans les quartiers industrieux, aux faubourgs et aussi aux banlieues, les ateliers étaient déserts et, au-dessus des usines, les hautes cheminées ne crachaient plus leurs volutes noires.

Dans le Marais, le faubourg du Temple et les parages avoisinants, où foisonnaient les industries d'art et les cent métiers d'articles de Paris, — rappelant la vieille artisannerie, — les ateliers de ciseleurs, bijoutiers, maroquiniers, monteurs en bronze, etc., étaient vides. Vides aussi, dans les rues et les cités fourmillantes qui bordaient le faubourg Antoine, les ateliers d'ébénisterie.

Au quartier Saint-Marcel, aux bords de la Bièvre, les ouvriers travaillant les peaux avaient abandonné le travail. De même, à la Glacière, les ouvriers des fabriques de chaussures, des fonderies, etc.

A Pantin, à Aubervilliers, les usines des produits chimiques, les savonneries, la manufacture d'allumettes, chômaient. Pareillement, à Saint-Denis, les chantiers de construction et les cinquante autres bagnes industriels, où s'étiolait une population immigrée de Bretagne ou d'ailleurs. A Ivry, à Batignolles, les ouvriers des forges se reposaient ; de même à Boulogne, à Arcueil, les blanchisseurs ; de même, à Levallois, à Puteaux, les ouvriers de l'automobile...

Partout ! Partout ! Sur tous les chantiers, dans toutes les usines, dans tous les ateliers, l'arrêt du travail succédait à la fièvre de production.

Les ouvriers se croisaient les bras, — simplement !

Cependant, cette unanime suspension du travail ne s'était pas, sur tous les points, réalisée avec la spontanéité désirable. Il y avait eu besoin, à maintes reprises, de prendre le contre-pied du *compelle intrare* de l'Evangile : au lieu de forcer à entrer ceux qui s'y refusaient, il avait fallu pousser les récalcitrants vers la porte, — les forcer à sortir.

L'opération s'effectuait avec mansuétude. Les syndicats avaient mobilisé des délégués, ayant mission de s'assurer que la décision de grève était généralement mise à exécution. Ces camarades servaient de centre de jonction à des cohortes de grévistes, qui zigzaguaient de quartiers en quartiers, passant en revue usines et ateliers et s'assurant que l'arrêt y était complet.

Là où le travail n'était pas suspendu, les manifestants entraient d'assaut. Tout d'abord, ils faisaient tomber les courroies, tournaient les commutateurs, lâchaient la vapeur, éteignaient les feux... Ces précautions préliminaires accomplies, ils expliquaient aux inconscients continuant à trimer combien leur acte était antisocial ; leur faisaient honte de manquer ainsi à la solidarité que se doivent entre eux les travailleurs ; s'efforçaient à leur faire comprendre qu'ils se portaient tort à eux-mêmes, qu'ils pâtiraient de cette trahison. Puis, en conclusion à ce bref cours de morale syndicale : « Ouste ! tout le monde dehors !... »

Parfois, les débaucheurs se buttaient à une tentative de résistance : des contre-maîtres zélés, des patrons entichés de leurs prérogatives, voire des ouvriers routiniers et inconscients s'interposaient, cherchant à refouler les grévistes, à les empêcher de pénétrer. Il en résultait des bourrades, des bous-

2.

culades, des bagarres. Alors, si l'un des champions de l'ordre exhibait un revolver, menaçait les envahisseurs, il était tôt mis hors d'état de nuire ; l'arme lui était arrachée des mains et il lui était donné le conseil de ne pas récidiver.

Néanmoins, si quelques-uns de ces incidents tournèrent au tragique, ce fut le petit nombre, même lorsque les patrons s'avisèrent de faire appel à la protection des autorités. Celles-ci étaient harcelées de demandes de secours ; elles ne savaient qui entendre, à qui promettre appui, ne pouvant, sur cent points divers également menacés, envoyer des agents ou des troupes.

Les préalables mesures de protection se trouvaient insuffisantes et inefficaces. Des patrouilles à cheval sillonnaient bien les rues, des postes de troupes étaient bien installés aux endroits stratégiques, — mais les débaucheurs qui, tel un élément déchaîné, passaient en trombe, ne fonçaient pas droit devant eux, en aveugles ; ils savaient éviter les embuscades, se détourner des patrouilles. Au moment propice, ils se repliaient, obliquaient à droite ou à gauche, — au besoin s'égrenaient, pour se reformer en arrière ; ils ne tenaient pas tête à la force armée, lâchaient pied devant elle, se refusaient à la bataille... et allaient opérer plus loin.

A ce jeu, les troupes gouvernementales s'énervaient et s'épuisaient. Elles étaient d'autant plus harassées par les marches et contre-marches, inutiles et vaines, qui leur étaient imposées, que dans la plupart des cas, elles arrivaient après coup au point qu'elles avaient ordre de défendre, — n'ayant que la déception de constater les traces du passage des grévistes.

Ces derniers avaient pour eux la supériorité de l'initiative et de la spontanéité ; ils savaient apporter à leurs agissements l'impromptu favorable au succès.

Point de répétition monotone et de gestes toujours identiques ! Ainsi, pour varier leurs opérations, ils ne se faisaient pas scrupule, au sortir d'une usine, de s'aiguiller vers un bazar ou un magasin de nouveautés.

Ils y faisaient irruption par toutes les entrées à la fois ; ils farandolaient au travers des galeries, refoulant devant eux les employés encore au travail. Leur irrespect pour les marchandises étalées était si complet que, par crainte de plus appréciables dégâts, les directeurs s'empressaient de rendre la liberté au personnel et donnaient, en hâte, les ordres pour que rapidement soient baissées les devantures.

Et ces foules d'ouvriers, d'employés, ainsi lâchés dans Paris, y apportaient un regain de fermentation.

Tandis que les uns, d'esprit timoré, casanier, se garaient de la cohue et regagnaient leurs demeures, d'autres se mettaient au diapason : ils se mêlaient aux grévistes, aux manifestants, d'abord par simple curiosité ; puis, entraînés, gagnés par la fièvre de la rue, ils n'étaient pas les moins ardents, faisaient chorus avec les camarades.

Entre les spectacles divers que la grande ville offrit ce jour-là, — spectacles où la comédie s'amalgamait au drame, — il en fut un qui ne manquait pas de couleur. Il eut pour scène, entre midi et une heure, les rues qui s'éparpillent de la Madeleine à l'Opéra.

Tandis que les banques et les maisons de commerces de luxe, qui pullulent dans ces quartiers, avaient jugé prudent de ne pas ouvrir leurs portes, les maisons de couture et de mode, qui y foisonnent aussi, avaient exigé que leur personnel vînt au travail.

A l'heure du repas, les ouvrières, craintives un peu, mais fort curieuses du tableau de la rue, descendirent de leurs ateliers, s'enhardissant mutuellement. Les restaurants, d'habitude extrêmement animés, où dominait la gaieté, où fusaient les rires, étaient presque déserts, à demi-silencieux ; les conversations y bruissaient en sourdine, et le service, très incomplet, était restreint, insuffisant.

Le moment fut jugé propice par les grévistes de la couture, — des tailleurs principalement, — pour amener à faire cause commune avec eux l'ensemble des ouvriers.

Dans la matinée, leurs tentatives dans ces parages avaient échoué, — le déploiement des forces policières et militaires qui, de la rue de la Paix au boulevard Malesherbes, était fort compact, y mettant obstacle. Maintenant, ces grévistes, très au courant des habitudes du quartier, utilisaient les minutes de flânerie précédant la rentrée aux ateliers. Ils se mêlaient aux groupes d'ouvrières, les endoctrinaient et les amenaient à crier : « Vive la grève ! »

Les autorités s'effarèrent de ces clameurs, mi-frondeuses, mi-goguenardes. Elles voulurent les réfréner.

Mal leur en prit ! Ce qui n'était, de prime abord, qu'amusette vira au sérieux. En peu de temps, la rue de la Paix grouilla d'une foule, en grande partie féminine et qui, narquoise et furieuse, ne voulait pas reprendre le travail.

Contre cette foule, plus exubérante que belliqueuse, qui, en fait d'armes, n'aurait pu brandir que de légers parapluies, les officiers de police eurent la maladroite imprudence d'user de violences : ils la firent charger par leurs agents, poings en avant. Les hommes firent front à l'attaque, protégeant les femmes, le mieux qu'ils purent. Ils n'y parvinrent qu'en partie.

Ce fut une mêlée sauvage ! Des femmes, des jeunes filles roulaient à terre, brutalisées, piétinées ; d'autres, apeurées et affolées par la charge, en subissaient un contre-coup nerveux et moral qui les rendait malades de terreur. Ce n'était que cris d'angoisse, de détresse et de douleur !

De la rue de la Paix, la panique se propagea aux rues avoisinantes. Une rumeur domina tout, suscitant l'indignation de tous : l'assommade des femmes par les sergents de ville.

Il n'en fallut pas davantage pour que les ateliers où le travail continuait encore se vidassent en tumulte, — malgré les patrons, qui voulaient garder leur monde et tentaient de fermer les portes pour empêcher la sortie.

Les ouvrières, énervées et encolèrées, se dispersèrent comme une volée de moineaux, s'éparpillèrent dans leurs quartiers respectifs.

Le récit des événements dont elles avaient été les

héroïnes et les victimes ajouta un grief nouveau aux motifs de surexcitation.

Ainsi, la fermentation empirait, non seulement du fait de la grève, — accélérée par le tourbillonnement des manifestants, — mais encore du fait des mesures gouvernementales pour enrayer la crise.

Tout concourait donc à donner à Paris l'aspect d'une cité en révolte et les pulsations de son vaste organisme de travail et de circulation se ralentissaient, se rapprochant de plus en plus de l'arrêt total.

CHAPITRE IV

Que les ténèbres soient !

Qu'allaient faire les ouvriers des usines à gaz ? Et ceux des usines d'électricité ?

En ce qui concernait ces derniers, le point d'interrogation ne se posait pas. Ils avaient fait leurs preuves. On pouvait compter qu'ils participeraient au mouvement.

Le gouvernement en avait la certitude. Mais il ne s'en émouvait guère, sûr qu'il était d'y remédier. Les brusques grèves de 1907 et 1908 l'avaient mis sur ses gardes. Il savait combien les arrêts instantanés de lumière, qui se produisirent alors, avaient émotionné la population ; il savait combien ces extinctions d'électricité, survenant sans qu'aucun symptôme les eût annoncées déconcertaient l'opinion publique, l'influençaient désagréablement, — donnaient à la multitude la sensation d'un effritement du pouvoir.

Aussi, les autorités avaient pris de sérieuses précautions pour en éviter le retour. Après l'arrêt de lumière de 1908, elles avaient décidé de doubler les équipes d'ouvriers électriciens par des équipes militaires qui seraient toujours prêtes à se porter sur une usine et à y supplanter les grévistes. Des détachements du génie avaient donc été mobilisés et on leur avait imposé un stage d'apprentissage dans les différentes usines, — notamment au secteur des Halles.

Le gouvernement avait ainsi, sous la main, un personnel militaire qui n'était pas complètement inexpérimenté. Il connaissait déjà le maniement des appareils et serait apte, on l'espérait du moins, — encadré par les ingénieurs, les chefs de service et les contre-maîtres, à suppléer passablement au personnel habituel, au cas où celui-ci viendrait à faire défaut.

Au surplus, le rôle de ces soldats-électriciens ne devait pas se borner à prendre la place des grévistes ; ils devaient encore, dès la première velléité de cessation du travail, expulser, — même par l'emploi des armes, — les ouvriers des usines.

Sans retard, ces précautions préventives furent mises à exécution. Dès le mardi matin, les diverses usines de production d'énergie électrique furent occupées par les troupes du génie. De ce côté donc, confiant dans les mesures prises, le pouvoir était absolument tranquille.

Du reste, aucun présage de grève, aucune effervescence ne se manifestait. Les ordres des chefs étaient promptement exécutés, — et avec la bonne volonté coutumière. On aurait pu supposer que les ouvriers électriciens ignoraient totalement les graves événements qui venaient de secouer si fortement la torpeur prolétarienne.

Le gouvernement était rassuré davantage en ce qui concernait les ouvriers des usines à gaz. Etant donné leur passé syndical, ils n'étaient pas redoutés ; on les considérait comme incapables d'un geste d'énergie. Depuis des années et des années, toute leur action syndicale avait consisté en démarches déférentes et en sollicitations, auprès des autorités ; le respect de la légalité semblait les avoir momifiés en des attitudes de soumission. Aussi, la confiance du gouvernement était si profonde que, sans cependant négliger de prendre à leur égard quelques mesures de précaution, — du moins celles qu'on prit n'avaient-elles rien d'excessif.

La journée s'écoula sans incidents.

A la tombée de la nuit, Paris s'illumina comme tous les soirs. L'allumage des appareils électriques publics s'effectua sans encombre. De même celui des appareils à gaz.

La lumière s'épandait, éclatante. Pas le moindre papillotement, ni soubresaut. Rien ne clochait !

Sur les grands boulevards, les lunes électriques éclairaient de leurs lueurs blanchâtres les sourires déjà narquois des bourgeois, empressés à blaguer ces terribles ouvriers électriciens qui restaient sages... Déjà, aussi, dans les salles de rédaction des quotidiens « bien pensants », les plumes s'envenimaient, bâclant les articles qui, demain, annonceraient à la population que les ouvriers électriciens n'avaient pas bronché, grâce aux si habiles et si intelligentes mesures ministérielles.

Brusquement, vers dix heures, alors que la confiance était en pleine hausse, sur tous les points de Paris à la fois, l'électricité fit défaut. Extinction complète et instantanée !...

La désillusion fut cuisante. Elle le fut d'autant plus qu'on s'était bercé d'espoirs que la réalité venait chavirer. Les sourires se figèrent en grimaces et les mines s'allongèrent.

Les commerçants et les industriels, habitués à cet inconvénient par les précédentes grèves, avaient eu la prudence de se munir d'un éclairage mixte, soit en recourant au gaz, soit à l'acétylène, soit à de simples lampes à pétrole. Ils eurent donc recours à leur éclairage de fortune.

Pourtant, en ce qui concernait le gaz, ce moyen ne donna pas les résultats espérés. Les manchons d'incandescence noircissaient, les grandes couronnes des lampadaires n'avaient plus leur splendeur éclairante. La pression baissait avec une rapidité inquiétante.

Aux premières minutes, cette baisse fut attribuée au grand nombre d'appareils mis en service en même temps. Il n'y avait rien d'étonnant, pensait-on, qu'à la hausse imprévue de la consommation correspondît une diminution de la puissance éclairante du gaz. C'était d'autant plus compréhensible qu'il n'y avait jamais de réserve dans les gazomètres et qu'il aurait suffi, pour les mettre à fond, de quel-

ques heures de consommation, — sans renouvellement de la production de gaz.

Mais, quand on vit la lumière continuer à baisser
progressivement, — bientôt n'éclairer plus qu'en
veilleuse... Puis, plus rien !... Le noir !... Les ténèbres !... Il fallut bien chercher une autre explication.

Le gouvernement avait pourtant bien pris toutes
ses précautions.

Que s'était-il donc passé ? Tant aux usines électriques qu'aux usines à gaz ?

Dans les secteurs électriques, les ouvriers des équipes de jour, leur temps de présence effectué, s'étaient
retirés sans vouloir attendre la venue de leurs rem-
plaçants. Or, ceux-ci, si ponctuels d'habitude, n'arrivaient pas.

Les menaces, les promesses, les objurgations des
directeurs furent sans effet sur les ouvriers des équipes sortantes. Tout fut vain. Rien ne les fit revenir
sur leur détermination.

Les ouvriers partis, on songea à utiliser les soldats
du génie. Il y eut du gâchis, des contre-ordres, des
chassés-croisés. Avant que les soldats se fussent
rendus aux postes qu'il fallait d'abord leur désigner,
les feux des chaudières s'éteignirent presque, et plusieurs machines, manquant de vapeur, s'arrêtèrent.

Le désarroi s'accentua, devint général. Les ordres
contradictoires, les fausses manœuvres ajoutèrent
encore au trouble et, en peu de temps, plusieurs
dynamos furent mises accidentellement hors de service.

La confusion augmenta plus encore lorsqu'on eut

constaté que la malveillance avait fait son œuvre :
de la poudre d'émeri avait été jetée dans les paliers
et dans les coussinets ; certains enduits avaient été
arrosés d'acide sulfurique, — ce qui provoquait leur
incendie, au bout de peu de temps ; des appareils,
des tableaux de distribution avaient été mis en
court-circuit...

Bien d'autres opérations de sabotage se constataient un peu partout ! On avait voulu que les
machines s'arrêtassent de fonctionner, — et on y
était parvenu !...

Les responsables ? Naturellement, il n'était pas
douteux que ces dégâts si précis, qui avaient pour
conséquence de suspendre la vie des usines, étaient
l'œuvre des ouvriers électriciens. Pourtant, ceux qui
avaient l'habitude de lire sur les physionomies
croyaient découvrir, dans l'attitude et sur le visage
de certains soldats, les reflets d'une satisfaction intérieure... Y aurait-il des saboteurs, parmi ces soldats
du génie, si choyés, et en qui le gouvernement avait
mis son espoir ? Y en avait-il qui s'étaient laissés
contaminer par la propagande antimilitariste ?...
C'était peut-être possible !

Toujours était-il que le fonctionnement des usines
était devenu impossible. On ne pouvait pas continuer
à marcher dans les conditions présentes et il fut
décidé de faire stopper les machines.

Malgré cela, tout ne semblait pas perdu. Depuis
longtemps déjà, afin de parer à une cessation de
travail dans l'une des usines parisiennes, toutes
celles-ci avaient été reliées à une usine principale,
située en banlieue. Dans celle-ci, le personnel, soi-

gneusement recruté, offrait toutes les garanties de
sécurité, et il était mené militairement. Il n'y avait
pas de syndiqués, — ou si peu qu'ils étaient quantité
négligeable...

Par ses propres moyens, cette usine d'électricité
était capable de fournir la presque totalité du courant nécessaire à la consommation parisienne. Il
suffirait, pour cela, de manœuvre quelques disjonc-
teurs, — et la force électrique affluerait à nouveau
dans les canalisations.

C'est à cette manœuvre que les usines de la péri-
phérie et du centre, désemparées, se décidèrent à
avoir recours, — après avoir constaté qu'elles ne pouvaient rien par elles-mêmes... Cette opération fut
aussi vaine que les précédentes. Le courant ne circula pas...

On peut bientôt l'explication de cette anomalie :

Un accident, — comparable à la rupture d'un ané-
vrisme dans le corps humain, — avait soudainement
immobilisé l'énorme et vaste usine. Un sourd coup
de tonnerre avait ébranlé le sol... et on avait constaté
la destruction dans une galerie souterraine, de toute
la canalisation. Les câbles, pour gros et solides qu'ils
fussent, avaient été tordus, rompus, déchiquetés, et
la chaleur de déflagration avait atteint un si haut
degré que certains portaient des traces de fusion. Il
n'y avait pas de doute à avoir : cette destruction
avait été provoquée par un explosif violent... C'est
pourquoi les torrents d'électricité qu'elle aurait pu
produire ne pouvaient passer !

Dans les usines à gaz, — et contrairement à toutes

les prévisions, — le personnel ouvrier s'associa à la grève. Le mouvement y fut facilité par la faible surveillance exercée sur ce personnel, — qu'on croyait de tout repos.

Ce furent les chauffeurs qui engrenèrent la grève. Comme dans les secteurs électriques, ils formaient un groupement à part. Il y avait chez eux des hommes de tempérament qui s'indignèrent de la veulerie de leurs camarades et qui, en quelques heures, convenablement utilisées, parvinrent, d'abord à convaincre les indécis, ensuite à préparer la grève du matériel.

A l'heure convenue, les chauffeurs mirent bas les feux et, parcourant les ateliers, ils donnèrent le signal de la suspension du travail. Leur entraînante audace fut contagieuse.

Non contents de cesser de produire, les ouvriers gaziers prirent leurs précautions pour que, — même en substituant des jaunes ou des soldats aux grévistes, — on ne pût faire du gaz. Connaissant les points vulnérables des canalisations, ils les ouvrirent ou les blessèrent... Et des usines s'éleva la pestilence de l'hydrogène fusant par les plaies béantes !

Le personnel des directeurs et contre-maîtres essaya en vain de pallier au désastre. Les ouvriers gaziers, qui avaient été si longtemps dévoyés, venaient de se ressaisir et, dans leur colère d'avoir été jusque-là trop somnolents, ils avaient eu la main lourde...

Rien ne pouvait plus fonctionner sans d'importantes et longues réparations.

L'obscurité s'épandit sur Paris, — complète, compacte !

Lors des précédentes grèves, seule la lumière électrique avait manqué. Cependant, l'émotion avait été excessive, malgré qu'il n'y eût eu que diminution d'éclairage, — et non extinction totale. En effet, les rues et les boulevards continuaient à être éclairés par le gaz, — que beaucoup de commerçants avaient aussi. En réalité, on s'était trouvé ramené à l'éclairage accoutumé un quart de siècle auparavant, mais non plongé dans d'impénétrables ténèbres.

Cette fois, électricité et gaz faisaient simultanément défaut. Aussi, ce ne furent pas des demi-ténèbres ! La brusque extinction des lumières les fit paraître plus épaisses encore aux yeux inaccoutumés. L'affolement fut indicible, et la nervosité de la population, déjà mise à rude épreuve, atteignit le paroxysme. Effarés, ahuris, les gens couraient de droite, de gauche, tourbillonnaient, quasi-fous.

Dans le noir intense qui enveloppait la ville, de ci, de là, pointaient quelques lueurs éclatantes. C'était la rutilence des établissements qui, faisant leur lumière eux-mêmes, — électricité ou acétylène, — n'avaient pas été atteints par la grève.

Maintenant, les pulsations de la grande cité allaient se ralentissant ; on eût dit que les ténèbres qui l'envahisaient étaient présage de mort. Les théâtres et tous les établissements se vidèrent dans un bruissement de conversations et au milieu d'exclamations qui disaient la panique, l'angoisse.

La grève qui venait d'éclater allait avoir d'autres répercussions : la privation de lumière se doublait de la privation de force ! Quantité de moteurs, mûs par l'électricité ou le gaz entraient en sommeil, obligeant nombre d'ateliers à l'arrêt du travail.

De plus, l'obscurité allait faciliter l'action ultérieure des grève-généralistes. Ils seraient plus libres d'opérer, moins à la merci des forces gouvernementales. Leur puissance s'accroîtrait du discrédit dont la grève de la lumière éclaboussait le pouvoir.

Cette phase de la lutte, par la répercussion qu'elle eut dans les autres corporations, constitua un grave échec pour le gouvernement. Elle fut, avec la grève des cheminots et des postiers, le pivot de la grève générale dont, dès ce moment, on pouvait entrevoir le triomphe.

CHAPITRE V

. Les funérailles des victimes

Les obsèques des malheureux, tués au cours de la manifestation du dimanche, avaient été fixées au mercredi. Avec l'assentiment des familles, leurs corps étaient restés à la Maison des Fédérations.

Le gouvernement ne s'était pas interposé. Il avait pris d'importantes mesures de précaution : il avait amoncelé des forces considérables, en ayant soin de les dissimuler dans les rues adjacentes, sur tout l'itinéraire que devait suivre le cortège. Il était, d'ailleurs, optimiste : ses prévisions étaient qu'à l'occasion des obsèques, l'arrêt du travail atteindrait son point culminant, pour décroître ensuite...

La journée commença dans une atmosphère endeuillée. Les journaux n'avaient pas paru et, d'autre part, des corporations qui, hier, n'avaient pas bougé se joignaient au mouvement. Entre autres, les postiers et les télégraphistes avaient suspendu le travail, les téléphones ne fonctionnaient qu'à demi et, sur les voies ferrées, un personnel très restreint était demeuré seul en fonctions.

La ville entière s'harmonisait donc avec la cérémonie funèbre qui se préparait.

Le lieu du rendez-vous, rue Grange-aux-Belles, rendant la concentration difficile, la formation du cortège s'effectua place du Combat. Mais, bien avant l'heure convenue, l'affluence était énorme. Les syndicats avaient fixé des points d'assemblement à leurs membres sur les quais du canal, les rues avoisinantes, les boulevards extérieurs. Aussi, partout grouillait une multitude innombrable d'où, en bourdonnements de colère, jaillissaient des imprécations, des malédictions contre le Pouvoir.

Derrière les corbillards, qui disparaissaient sous des amoncellements de couronnes, après les familles, après les délégations, cette masse énorme prit rang. Et le cortège s'ébranla. C'était un flot humain qui s'écoulait, s'enflant à tous les carrefours d'afflux nouveaux. Sur cet océan de têtes, d'où n'émergeaient que les taches rouges et noires des bannières et des drapeaux, se répercutaient, en roulements de tonnerre, des mugissements de haine, des clameurs de vengeance.

Cela cadrait peu avec l'optimisme gouvernemental. La passion de lutte, la fougue de révolte qui, pour l'instant, s'extériorisait de trois cent mille poitrines en éjaculations coléreuses, n'allait-elle pas éclater formidablement, si un choc, un incident, y donnait prétexte ?

C'était d'autant plus à redouter que, dans les

quartiers traversés pour se rendre au cimetière de Pantin, on sentait le cœur des faubourgs battre à l'unisson de celui de la masse qui suivait le cortège. A toutes les croisées, des grappes humaines saluaient, répondant aux clameurs de la foule par des cris de vengeance.

Et quand, après une brusque accalmie, en un rythme grandiose, les strophes grondantes de l'*Internationale* déferlèrent sur l'interminable cortège, on eut la sensation que la chanson se muait en acte, — que la « lutte finale » qu'elle annonçait n'était pas pour demain, mais pour aujourd'hui, *pour tout de suite...* Alors, sur cet océan humain passa le frisson des émotions décisives ; chacun fut secoué jusqu'au plus profond des moelles.

Mais, nul obstacle ne gênait la marche, — armée et police étant de plus en plus invisibles — le cortège continua sa route, roulant ses flots tumultueux jusqu'au cimetière.

Là, au bord des fosses, brefs et vigoureux furent les discours. Nul ne songeait à phraser. Et d'ailleurs, au delà des quelques milliers d'auditeurs pouvant entendre, s'amoncelaient les foules auxquelles ne parvenaient même pas le bruissement des paroles. En exclamations qui sourdaient en sanglots, en termes hachés que ponctuaient les poings levés, les uns après les autres, les orateurs conclurent par un serment qui, sous le ciel bas et gris, se répercuta en violentes approbations : la grève n'aurait ni fin ni trêve que le gouvernement n'ait capitulé, qu'il n'ait avoué son crime, qu'il n'ait frappé les meurtriers des victimes pleurées par le peuple.

Maintenant, le flot refluait sur Paris, — comme la marée montante qui, en un jour de tempête, vient battre les côtes. Par vagues colossales, les groupes s'avançaient, toujours frémissants, toujours en tension de révolte.

Les autorités eurent le tort de passer d'une extrême réserve à une confiance provocatrice ; elles se départirent de la prudence qu'elles avaient observée jusque-là et s'avisèrent de mesures qui exaspérèrent les manifestants.

Au lieu de continuer à rester terrée, invisible, la force armée, flanquée des agents de police, reçut l'ordre d'effectuer des barrages, de défendre l'accès de certaines voies, de canaliser la foule à sa rentrée dans Paris, — de manière à la couper, à la morceler.

En tout autre moment, cette manœuvre d'éparpillement et d'aiguillage eût eté subie sans trop de protestations. A l'heure actuelle, il n'en pouvait être ainsi, la nervosité et la surexcitation des manifestants avait atteint trop d'acuité. Cette masse était si profonde, si compacte ; elle était animée d'une telle force d'impulsion que c'était folie de prétendre la disperser ou simplement l'endiguer. Les barrages qu'on lui opposa furent rompus, traversés.

La foule s'avançait en rangs tellement serrés qu'il lui était impossible de reculer, l'eût-elle voulu. Elle allait devant elle, avec une impétuosité irrésistible : comme un coin formidable, elle s'enfonça dans la masse armée, — et les troupes durent céder sous sa poussée. L'infanterie rompit ses rangs avec d'autant plus de facilité que les corvées qui lui étaient imposées commençant à lui répugner, elle n'obéissait plus qu'en rechignant et avec indolence. Quant à la cavalerie, elle fut paralysée par le flot humain, entourée, submergée !...

Mais, lorsque les manifestants qui, en face des soldats, avaient fait preuve de modération, se buttèrent contre les sergents de ville, ils foncèrent furieusement.

Sur la police se condensaient toutes les colères ! Sur elle on voulait venger le meurtre de ceux qu'on venait de conduire au champ de repos ! C'était elle qu'on trouvait toujours en travers de sa route !... Aussi, contre elle la lutte s'engagea avec rage et les revolvers, sur lesquels depuis le matin les mains se crispaient, sortirent des poches.

Les chefs comprirent un peu tard qu'il fallait laisser passer l'ouragan.

Ces bagarres, pour vives et violentes qu'elles fussent, n'étaient pourtant qu'un incident, soulignant la gravité de ce fait autrement considérable : l'accentuation de la grève.

Les espérances caressées par le gouvernement s'effondraient ; la fin de la journée fut marquée, non par la détente qu'il avait espérée, mais par une recrudescence dans l'arrêt du travail.

Dans la soirée, des réunions nombreuses se tinrent. Chaque syndicat avait convoqué ses adhérents en des assemblées particulières, afin de délibérer sur la situation, d'examiner la portée du mouvement et d'aviser sur l'attitude qu'il convenait d'observer.

Les plus importantes de ces réunions furent celles tenues par les travailleurs des divers réseaux des chemins de fer ; par les postiers et les télégraphistes et aussi par les diverses catégories de travailleurs municipaux.

Les réunions du personnel des chemins de fer, où dominaient les ouvriers de la traction, décidèrent que la grève, qui chez eux n'était pas encore généralisée, par suite de flottements et d'hésitations regrettables, devait se continuer et se poursuivre jusqu'à ses conséquences extrêmes. Les mesures furent prises pour que le mouvement ne restât pas circonscrit au rayon parisien, qu'il s'étendît d'un bout à l'autre des réseaux et pour que fussent entravés, aussi complètement que possible, le départ et la marche des trains.

Aux assemblées des P. T. T., une nouvelle circula qui stimula tous ceux qui eussent pu être indécis : on apprit que le gouvernement, dès la suspension momentanée du service, avait envisagé le recours à des mesures coercitives. A cette menace, il fut répondu par des décisions catégoriques : la cessation du travail, qui n'avait qu'un caractère momentané, fut transformée en mouvement de grève. Ceci convenu, de suite, on se préoccupa des précautions indispensables, pour rendre inefficace tout effort de rétablissement des services, soit avec l'aide de faux frères, soit grâce à la main-d'œuvre militaire.

Les résolutions que prirent les travailleurs municipaux n'étaient pas moins énergiques, quoique d'un ordre plus particulier : tous se prononcèrent pour la grève illimitée sans fixation de durée. Seulement, suivant les catégories, la tactique de boycottage qui avait reçu déjà un commencement d'application fut confirmée. Par cette mise à l'index, les quartiers bourgeois seraient atteints sans restriction, tandis que les quartiers ouvriers seraient un peu allégés et ne subiraient pas tous les inconvénients de la grève.

Ces délibérations infirmaient l'optimisme des dirigeants. Ils avaient supputé que, dans les grands services publics, le travail recommencerait après un arrêt de vingt-quatre heures. Il n'en était rien ! Au contraire, les ouvriers de ces services s'associaient complètement à leurs camarades.

Lorsque, dans les réunions multiples tenues par les divers syndicats, ces décisions furent connues, des acclamations frénétiques les accueillirent. En toutes, d'ailleurs, des résolutions de même ordre étaient prises. En toutes, il était convenu de continuer la grève à outrance, de persister dans la lutte jusqu'à ce qu'il soit donné satisfaction au peuple endeuillé.

La satisfaction exigée, on ne la bornait plus à une simple capitulation du gouvernement, dont, à bien considérer, la portée eût été surtout morale. Sur la grève de solidarité, se greffait la grève revendicatrice, — pour être plus exact : la grève sociale.

En ces réunions, où s'élaboraient les actes de demain, des paroles graves furent prononcées. Tandis que certains rappelaient et réexposaient les revendications nombreuses, jusque-là présentées sans succès, — et ajoutaient que l'heure était propice pour les formuler à nouveau, — d'autres voyaient plus loin : ils proclamaient la capacité administrative de la classe ouvrière ; affirmaient que l'heure psychologique était proche et qu'il fallait, dès maintenant, envisager l'aléa de la déchéance capitaliste.

Aux fournaises des réunions, où se surchauffaient les cerveaux et où, à la flamme de la réalité surgissaient et s'épuraient les idées, à côté des timides qui hésitaient sans cesse, il était des impatients qu'exaspérait la lenteur des événements. Ceux-là trouvaient trop courtes les enjambées ; ils rêvaient de doubler les étapes. Dans leur ardeur surexcitée, ils morigénaient ceux qui marquaient quelque indécision ou réticence, leur démontrant que dans les circonstances actuelles la meilleure des prudences était d'agir vite.

De ce choc d'idées, de ce malaxage de projets : thèse de l'organisation du combat et de la résistance, thèse de la lutte pour des revendications restreintes et parcellaires, thèse de l'extension révolutionnaire de la grève et de la nécessité de sa conclusion expropriatrice, — de tout cela se dégageait un amalgame qui constituait une phase nouvelle du conflit.

Le peuple faisait un pas en avant dans la voie de la révolution : la période de grève de solidarité et purement défensive finissait, et on voyait luire les premiers rayons de la grève offensive, dont les traits de feu illuminaient l'horizon de lueurs d'incendie.

Ce qui rendait plus redoutable ce bouillonnement de révolte, c'est que l'effervescence n'était pas restreinte à Paris : la province était à son diapason ; elle n'avait plus de leçons de révolutionnarisme à prendre de la capitale, elle n'attendait pas son signal pour l'action : l'agitation n'y était pas moindre.

CHAPITRE VI

La situation du gouvernement

Le gouvernement ne restait pas inactif. Il avait à cœur d'énerver la grève, de pallier à la suspension du travail, et, surtout de rassurer la bourgeoisie que terrassait la panique des grands jours. Une préoccupation le hantait : donner l'impression que la vie économique n'était pas enrayée, que le circulus social n'était que ralenti et non suspendu.

Il pensait que c'était le moyen meilleur pour guérir les hautes classes de la peur qui les tenaillait. C'est pourquoi, malgré que ses alarmes fussent éveillées par les vives clameurs de la capitale, il s'efforçait de masquer la grève en remplaçant les grévistes par des soldats, dans les industries ou fonctions de première nécessité.

Dès que, sur un point, avait été signalé l'arrêt du travail, une équipe de troupiers y était dirigée.

Ainsi des escouades de soldats allèrent, dans les fournils, pétrir en place des mitrons. Seulement, en bien des cas, ils furent empêchés de besogner pour des raisons diverses, conséquences des précautions prises par les grévistes avant leur abandon du travail : ou le matériel n'était pas en état, ou bien les fours ne fonctionnaient pas ou fonctionnaient mal. A ces inconvénients il fut obvié, plus mal que bien, en utilisant les fours militaires.

Aux usines d'électricité, les troupes du génie, quoique depuis bien longtemps familiarisées avec les besognes qu'on attendait d'elles, n'avaient pu remettre les dynamos en service. Les grévistes avaient si adroitement pris leurs mesures préventives que rien n'allait plus.

Pour faire face à la grève du personnel des postes et des télégraphes, ainsi que des chemins de fer, le gouvernement songea à la mobilisation. Par un décret circonstanciel, tous ceux qui étaient inscrits sur les rôles de l'armée seraient convoqués et leur refus de répondre à l'appel les rendrait passibles d'un conseil de guerre.

Mais, après examen, il dut se rendre à l'évidence et reconnaître qu'au point où en étaient les événements, cette convocation serait sans effet. Renonçant à cette opération qui eût été simplement ridicule, il tenta de rétablir les communications en utilisant les moyens militaires.

Des soldats furent mobilisés afin d'assurer la marche des trains. Mais, là comme ailleurs, des dispositions spéciales avaient été prises : les parties essentielles des locomotives avaient été démontées et cachées ; d'autre part, pour rendre difficultueuse la sortie des hangars où elles étaient remisées, du plâtre ou du ciment avait été coulé dans les aiguilles, empêchant leur fonctionnement. Même procédé retenait en panne les wagons sur leurs voies de garage.

D'ailleurs, avant de quitter le travail, les cheminots avaient ramené leurs trains aux gares et ils les avaient laissés sur les voies, après avoir eu le soin de les immobiliser sérieusement.

Cet amoncellement, sur les points de grande circulation, de la multitude de wagons qui, habituellement, sont en route, produisait une inextricable accumulation. Les trains de voyageurs, et surtout les trains de marchandises, étaient en quantité telle que les gares en étaient bloquées. L'encombrement était si grand et si complet que les manœuvres, ainsi que la continuation du trafic, étaient rendues impossibles.

En outre, sur les lignes, tous les disques avaient été mis au signal d'arrêt ; ce bloquage systématique, tout en paralysant la circulation, avait l'avantage de rendre tout accident impossible. En effet, les trains qu'on pouvait se risquer à lancer ne devaient avancer qu'avec une extrême lenteur, la plus simple prudence obligeant les mécaniciens à n'aller qu'à faible vitesse, car ils ignoraient si la ligne était libre ou non. De plus, en bien des points, des pétards d'arrêt avaient été ingénieusement déposés afin qu'au cas de continuation de trafic, leur éclatement augmentât la confusion.

Cette immobilisation du service des chemins de fer avait été grandement facilitée par l'adhésion des aiguilleurs à la grève. C'était un concours précieux, car, à eux seuls, les aiguilleurs sont maîtres de la circulation.

Par ces mesures, et d'autres qui tendaient aux mêmes résultats, la mise en marche des trains était devenue quasi impossible, — et d'ailleurs inutile... au moins pour les voyageurs. En effet, au cas où les trains eussent fonctionné, ils auraient roulé à vide, la peur des accidents refroidissant les plus osés.

L'arrêt des chemins de fer impliquait l'arrêt du service postal, — en supposant même que les postiers ambulants eussent continué à travailler ; à plus forte raison, la grève de ceux-ci l'entravait complètement. Pour y suppléer, on eut recours aux soldats : on para à la grève des postiers en organisant un service par automobiles.

Le gouvernement cherchait surtout, en ces circonstances, à sauver la face, essayant de masquer son impuissance. Car ce service ne donna pas, — et il ne pouvait pas donner, — les résultats qu'on en attendait.

Cette organisation était trop imparfaite et aussi trop lente, car, dans leur parcours, un des moindres ennuis pour les postiers automobilistes, fut la rencontre, sur la route, de signaux de ralentissement pour automobiles, alors qu'aucun accident de terrain n'en justifiait la présence. Les conducteurs, qui étaient des soldats connaissant peu les routes, n'avançaient donc qu'avec hésitation et à allure modérée. D'autre part, à la traversée de régions en grève, plus d'une fois ils furent invités à ne pas continuer leur chemin et leurs machines furent confisquées.

Le désarroi fut encore plus complet pour le service télégraphique. Aux bureaux de Paris, sa suspension fut absolue. Afin de rendre impossible tout travail, les fils avaient été brouillés ou coupés avec d'autant plus de minutie que les grèves antérieures avaient donné de l'expérience au personnel des P. T. T.

Tout d'abord, on n'avait pas été, en haut lieu, trop affecté par l'isolement télégraphique et téléphonique. On pensait y remédier grâce aux services militaires de télégraphie et de téléphonie sans fil.

Sur ce point, encore, la déception fut grande. Parmi les grévistes, il y avait des hommes de sérieuse compétence scientifique pour qui ce fut un jeu de rendre les communications aériennes impossibles. Ils s'installèrent dans une usine située sur une hauteur et à l'abri des indiscrétions ; disposant d'une quarantaine de chevaux de force et d'une excellente dynamo, ils dressèrent des antennes, — ayant soin de ne pas éveiller l'attention, — et lancèrent dans l'atmosphère des ondes contrariantes qui troublèrent et brouillèrent les signaux émis par les postes du gouvernement.

Ainsi, la grève des bras et des cerveaux se doublait de la grève des machines, du matériel.

Et ce phénomène n'était pas restreint aux corporations énumérées ci-dessus : dans la plupart, l'outillage avait été volontairement immobilisé, et ce, de manière à ce qu'il reste inutilisable tant que les grévistes n'auraient pas repris le travail.

En prenant ces mesures préservatrices, les ouvriers

n'avaient pas obéi à un mobile mesquin, bas, stupide : ils n'avaient pas eu le désir de la destruction, — pour le plaisir. Non ! Leur but avait été d'aviser aux précautions qu'ils jugeaient inéluctables ; très probablement même, les plus affinés avaient éprouvé une certaine tristesse à recourir à de telles extrémités. Mais, ils s'y étaient résolus parce qu'ils avaient la conviction qu'en immobilisant le matériel industriel, ils épargneraient des vies humaines.

Voulant âprement la fin, — le triomphe de la grève, — ils avaient l'audace de ne répudier aucun des moyens pouvant les rapprocher du but.

Ils se savaient une minorité, — assez nombreuse pour mettre en échec la minorité possédante et gouvernementale, — à condition qu'une partie du peuple ne prêtât pas son appui à cette dernière minorité. Pour qu'ils soient les plus forts, une condition était nécessaire : que la masse, dont le poids d'inertie a toujours penché du côté des triomphants, fût mise dans la simple impossibilité de donner à l'ennemi l'appui de sa force inconsciente.

Ce résultat, ils l'obtenaient en doublant la grève des bras et des cerveaux de celle des machines et du matériel. En enlevant à la partie du peuple, encore trop soumise aux puissances capitalistes, l'outil des mains ; en paralysant la machine qu'elle fécondait de son effort ; en empêchant cette masse moutonnière de pactiser avec l'ennemi commun et de trahir ses amis en reprenant le travail mal à propos, les révolutionnaires faisaient preuve de clairvoyance.

C'est pourquoi ils eurent les audaces qui étaient de circonstance et de nécessité.

Contre cette tactique, — qui n'était que la mise en œuvre logique de la grève générale, — l'armée était impuissante. Eût-elle même été apte à tout, apte à remédier à la grève des machines et de l'outillage, apte à accomplir tous les travaux indispensables, qu'elle n'aurait pu être mise à tout et partout. Il y avait à son impuissance une raison péremptoire : elle était trop peu nombreuse.

Malgré le bon vouloir interventionniste du gouvernement, il y avait empêchement à ce qu'il déversât toute son armée dans les travaux industriels et les fonctions publiques. Elle n'était pas inépuisable ! Il lui fallait en conserver une fraction pour la défense capitaliste !

On avait transformé les soldats en boulangers, électriciens, gaziers, cheminots, wattmen, télégraphistes, postiers, balayeurs de rues, etc... c'était encore insuffisant ! Par douzaines, d'autres métiers étaient en chômage auxquels la troupe ne pouvait faire face.

En quantité considérable, les troupes étaient éparpillées à garder chantiers, usines, magasins, canalisations, voies ferrées, monuments publics... C'étaient encore des milliers et des milliers d'hommes, retranchés de la production réelle, et retranchés de leur fonction guerrière !

L'armée comprenait environ, en temps normal, 600,000 soldats éparpillés dans les casernes de France... Or, à l'heure présente, rien qu'à Paris, il y avait plus de 600,000 grévistes !

L'impuissance numérique de l'armée, pour faire front à la grève générale, était d'autant plus topique

que le soulèvement révolutionnaire ne se limitait pas à Paris. Par conséquent, le gouvernement ne disposait guère que des troupes casernées dans la capitale, ou dans son rayon, pour y assurer la répression. Il y avait à cela double motif : il ne pouvait dégarnir la province, « l'ordre » y étant aussi en grand péril, et, d'autre part, il ne pouvait déplacer à son gré les régiments de leurs centres de garnison.

Il avait tenté d'amener les troupes de l'Est sur Paris, — et l'opération avait donné de piteux résultats !

On organisa des trains militaires que, malgré la grève, on essaya de mettre en route. Ils n'allèrent pas loin ! Ces convois furent bloqués en rase campagne, arrêtés par le déboulonnement des rails ou par la destruction des ponts ou des tunnels.

Des troupes de tout repos, que les ministres regrettaient de n'avoir pas sous la main, — et qui eussent réprimé le populaire avec une furie impitoyable, — c'étaient les troupes algériennes, formées par le recrutement des arabes, désormais soumis, comme les fils de la métropole, à l'impôt du sang. C'eût été de belles brutes à déchaîner sur Paris ! Ces soldats ne se fussent pas embarrassés de scrupules et auraient savouré la joie de venger leur race sur les parias de France... Mais, il ne fallait pas compter sur eux ! Ils étaient casernés en Algérie. Eût-on réussi à les embarquer, il eût été difficile de les débarquer à Marseille ou dans un autre port, — et plus difficile de les faire arriver jusqu'à Paris.

Ainsi, à peine la guerre sociale était-elle engagée que l'armée, unique rempart du capitalisme, se trouvait débordée. Les dirigeants étaient obligés de se rendre à l'évidence : elle était trop peu nombreuse pour remplir efficacement les multiples besognes auxquelles elle était destinée.

Cette insuffisance numérique de l'armée se doublait d'une impuissance morale plus dangereuse encore pour le pouvoir : elle doutait de la justice de sa fonction et elle glissait sur une pente au bout de laquelle ne s'apercevait rien autre que la désagrégation.

La propagande antimilitariste était la cause initiale de cette dépression. Avec une ardeur inlassable, acharnée, les antimilitaristes travaillaient à briser la force compressive de l'armée, évoquant tout l'odieux de l'œuvre exigée d'elle.

Ces symptômes, qui étaient présages mauvais pour la société capitaliste, étaient superficiellement aperçus par le gouvernement. Hypnotisé par le prestige d'une centralisation qui ramenait tout à lui, il se croyait solide et inébranlable, autant qu'un roc. Aussi, il ne songeait qu'à réprimer la grève. A aucun moment, il ne s'était préoccupé d'examiner les réclamations formulées par les organisations syndicales, — de rechercher les responsabilités encourues, au cours des incidents tragiques de dimanche.

Prêter attention à l'ultimatum des grévistes, en tenir compte, c'eût été, prétendait-il, faire abandon de sa dignité, pactiser avec l'émeute. Il couvrait donc ses subordonnés et, loin d'enquêter sur leurs actes, il combinait des opérations policières et judiciaires qu'il estimait efficaces pour décapiter le mouvement, le désemparer.

Il ne fut pas innové. On opéra selon la tradition des gouvernements à poigne. Le parquet fut mis en mouvement et, au nom de la raison d'Etat, il eut ordre de procéder à une grande rafle des militants en vedette, secrétaires d'organisations et membres des comités.

L'exécution de ce vaste coup de filet avait été combinée pour le jeudi. Ce jour avait été choisi parce qu'on avait escompté qu'à ce moment, il y aurait une détente et aussi parce qu'on n'avait pas osé faire ces arrestations avant les obsèques, crainte d'accroître la surexcitation.

L'opération n'eut pas la réussite escomptée. Le secret n'en fut pas gardé et, par des voies inconnues, il parvint à la connaissance des intéressés. Nombre de ceux qui étaient menacés d'arrestation prirent leurs précautions ; ils se mirent à l'abri et la police fit buisson creux chez la plupart d'entre eux, quand elle s'y présenta.

Ce fut un échec pour le gouvernement. Le coup était raté et il n'eut pas sur le peuple l'effet démoralisant attendu. Mais les mesures répressives redoublèrent. D'ailleurs, la détente espérée par les stratèges ministériels ne s'était pas produite ; il y avait au contraire, extension et accélération de la grève.

Il faut ajouter que le pouvoir était privé d'un moyen d'action qui, jusqu'alors, lui avait été d'un grand secours : la presse quotidienne.

Certes, c'était un ennui d'être sevré de nouvelles, — mais le peuple y gagnait de redevenir lui-même, de penser par lui-même : privé de journaux, il suivait ses impulsions, réfléchissait et décidait d'après son raisonnement propre, sans être influencé par les racontars des grandes feuilles capitalistes.

Et cela était mauvais pour le gouvernement : n'ayant plus à sa disposition ce levier formidable qu'était la presse, il ne pouvait plus propager ses menaces et ses mensonges. De ce fait, un équilibre s'établissait entre lui et les groupements populaires, — à l'avantage de ceux-ci. Jusqu'alors, les organisations syndicales n'avaient eu que des moyens de publicité plutôt rudimentaires, consistant en feuilles volantes, manifestes, affiches, petits journaux. Or, il leur était loisible, malgré la grève, de recourir à ces moyens qui leur permettaient, — avec le journal de la C. G. T. qui paraissait ponctuellement, — de neutraliser dans l'opinion publique les rumeurs alarmistes.

Ainsi, par la logique même de la grève, le gouvernement se trouvait amoindri, moralement et matériellement.

Pour rehausser son prestige, il se lança plus outrancièrement dans la voie de la répression et il redoubla de violences. Il ne réussit qu'à se rendre plus impopulaire, à se faire mépriser et exécrer plus encore, — et à entraîner dans la réprobation et la haine qui l'enveloppait le régime capitaliste dont il était l'expression combative.

CHAPITRE VII

La grève offensive commence

Maintenant, il n'y a plus d'espoir que la crise s'atténue, ni qu'elle soit conjurée, grâce à des palliatifs ou des demi-mesures. Toute conciliation est devenue impossible. La guerre de classes est déclarée et elle s'annonce farouche, implacable. Les ennemis sont face à face et nulle paix n'est à prévoir, hormis quand l'un des deux adversaires sera terrassé, écrasé, broyé.

Ce n'est pas à coups de canon que la classe ouvrière a ouvert le feu contre la Bourgeoisie. C'est par un acte formidable et simple : en se croisant les bras. Or, à peine ce geste est-il esquissé que voici le capitalisme secoué par les spasmes symptomatiques de l'agonie. C'est preuve qu'il en est du corps social comme du corps humain : tout arrêt de fonctionnement, de circulation lui est préjudiciable et néfaste.

Heureux présage pour les grève-généralistes !
c'est l'encouragement à persévérer, la certitude du
triomphe proche...

Tandis que les travailleurs puisaient élan et ré-
confort dans les événements qui se déroulaient, les
privilégiés n'y trouvaient qu'émotions d'un ordre
opposé : leur affolement atteignait des proportions
stupéfiantes.

Dès les premières convulsions révolutionnaires,
une panique irraisonnée avait empoigné la minorité
parasitaire dont la vie, artificielle et superficielle,
était faite de snobisme et de préoccupations puériles,
stupides, luxueuses. Ces inutiles furent, de suite,
désemparés, décentrés, effondrés. La peur du peuple
leur donnait la petite mort.

Dans les quartiers aristocratiques, ce fut une débandade folle et une fuite éperdue. Les fin-de-race
croyaient venue la fin du monde. Ils abandonnèrent
leurs demeures princières et beaucoup filèrent se
terrer dans les châteaux de province où, naïvement,
ils se crurent à l'abri de la bourrasque.

Le vide se fit aussi dans les grands caravansérails
internationaux, les hôtels somptueux, les restaurants
selects, dans tous les lieux, — mauvais et autres, —
où affluaient les étrangers de marque, où se désœu-
vraient les mondains et les gros sacs.

La bourgeoisie moyenne, qui vivait du parasitisme
de ces grands parasites, — les commerçants et les
fournisseurs de haut luxe, — ne fut pas moins affec-
tée qu'eux. Elle jérémiait sur les difficultés de vivre,
et par dessus tout, pleurait sur le marasme des

4.

affaires, supputant le manque à gagner que lui occasionnait la grève.

A la Bourse des valeurs, ce fut d'abord le tohu-bohu des jours de krack. Les cours dégringolèrent avec une promptitude d'autant plus échevelée que la cohue des financiers, des joueurs, vautours et caïmans, était déjà moins épaisse. Les tenaces, les obstinés affairistes, qui caressaient le rêve de rafler des millions dans l'effondrement de la rente, étaient solides au poste, — quoique leur anxiété perçât au coup de gosier moins claironnant : les voix s'enrouaient, les braillements s'assourdissaient.

Cependant, dans le monde des possédants, les gens de finance faisaient, relativement, la moins mauvaise figure. Plus habitués aux brusques coups du sort, bronzés par les montées fantasques et les déconfitures rapides, ils avaient l'intuition de flairer le profit qui se peut récolter dans une catastrophe. Dans les circonstances présentes, ils se laissaient moins facilement terrasser par la fièvre d'épouvante: ils savaient plastronner devant un péril, — et tenter d'y faire face. C'est pourquoi les grands maîtres des établissements financiers, dispensateurs du crédit et régulateurs de la circulation de l'or, — ce sang de la société capitaliste, — se mirent à la disposition du gouvernement, décidés à faire des sacrifices, à l'aider sous toutes formes.

Certains, encore, parmi les bourgeois, conservaient leur lucidité d'esprit, n'avaient pas l'âme veule et peureuse et étaient disposés à se défendre. Ceux-ci devaient ce ressort à l'éducation nouvelle qui, en exaltant la culture physique, en les orientant vers

la pratique des sports, les avait dotés de muscles. A
faire de l'auto, à s'engouer pour l'aviation, ils
avaient acquis l'esprit de décision, un mépris du danger et une énergie qui ne s'effarait pas au moindre
heurt. Ils se comparèrent aux prolétaires, se constatèrent aussi musclés que les mieux râblés d'entre
eux, — et ils avisèrent à leur tenir tête. Leur attitude s'expliquait, — fût-elle même un peu fanfa-
ronne : en défendant leur classe, leurs privilèges,
ils essayaient de conserver leur situation ; ils com-
battaient pour que durât leur vie de plaisir et d'oi-
siveté.

Les clubs et les cercles, dont ces bourgeois à tempérament faisaient partie, délibérèrent et convinrent de s'aboucher avec le gouvernement, offrant de
se constituer en corps de francs-bourgeois qui ba-
tailleraient contre le peuple.

Le gouvernement s'effara de la proposition ; il
craignait que cette offre cachât une manœuvre des
partis dynastiques dont les compétitions et les
espoirs s'éveillaient. Pour ne pas donner à leurs partisans un certain relief, il n'accepta pas ce projet.
Il eut une seconde raison pour décliner cette offre : il
appréhendait que son acceptation dénotât une gravité de l'heure, qu'il ne voulait pas laisser supposer.
Il remercia, prolixe en paroles réconfortantes, affir-
mant que l'armée suffirait à surmonter la crise.

Cette confiance qu'il simulait et voulait faire partager, les événements la démentaient brutalement.
L'armée avait beau camper dans Paris, y patrouiller
à fureur et s'évertuer à supplanter les grévistes, le
résultat ne répondait pas à l'effort, — la grève

déferlait, toujours plus impétueuse. Et la nervosité ambiante, qui ne faisait que croître, était accentuée par le manque de nouvelles. Des rumeurs inquiétantes circulaient et l'anxiété et l'angoisse grandissaient à ces racontars qu'il n'était guère possible de vérifier.

Les journaux paraissaient moins que jamais. Les plus puissants, par les moyens financiers, arrivaient avec peine à faire sortir des feuilles rudimentaires, intermittentes.

La ville avait perdu son décor de luxe et de joie. Elle n'était plus la cité affairée, commerciale, manufacturière. Elle prenait des patines de nécropole — et en avait aussi les relents. Les frémissements qui l'animaient évoquaient le grouillement d'une décomposition interne. L'occupation militaire, qui lui donnait certains aspects de camp, n'effaçait pas cette impression de chose qui meurt. Ses rues étaient mornes et vides. Il ne persistait de circulation que dans les grandes artères, où déambulait une foule bigarrée d'ouvriers et d'employés désœuvrés, de bourgeois effarés.

Le va-et-vient des voitures était excessivement réduit : quelques fiacres, la plupart conduits par des cochers qui, en temps normal, maraudaient la nuit autour des gares et proche des établissements de plaisir ; quelques autos ayant au volant, non des professionnels, mais des amateurs, — jeunes bourgeois robustes qui, fiers de leurs biceps, portaient crâne.

La plupart des boutiques avaient baissé leurs devantures ; faisaient exception, restant entr'ouverts, cafés et marchands de vins, où patrons et personnel familial assuraient le service.

La vie, — réduite aux nécessités matérielles, — devenait de plus en plus pénible. Les difficultés d'approvisionnement croissaient. Malgré qu'il s'y efforçât, le gouvernement ne parvenait pas à assurer le ravitaillement.

Aux premiers jours, tous ceux qui en avaient eu les moyens, s'étaient précipités aux magasins de victuaillles, se constituant des réserves alimentaires. Seulement, si la population bourgeoise avait réussi à s'approvisionner, rares étaient, dans le peuple, ceux qui — peu ou prou, — avaient eu chance de le pouvoir.

Beaucoup d'ouvriers, n'ayant d'autres ressources que leurs salaires, avaient été pris au dépourvu. En travaillant dur, ils parvenaient à peine à joindre les deux bouts. Avec quoi, quand vint la grève, auraient-ils acheté des provisions ?... Et, maintenant que s'éclipsait 'eur salaire, maintenant que les denrées, plus rares, allaient se vendre à des prix excessifs, comment se tireraient-ils d'affaire ?... S'ils restaient les bras croisés, nulle autre perspective n'apparaissait, hormis, à délai bref, la détresse, la famine.

Au moins aussi mal lotis qu'eux étaient les camarades, depuis longtemps en conflit avec leurs patrons et qui, déjà, ne vivotaient que grâce aux secours syndicaux, grâce aux cuisines communistes.

Il était impossible aux syndicats avec les ressources de leurs caisses, d'assurer — même très peu de temps, — la pitance aux grévistes qui, désormais, allaient être des milliers et des milliers.

Et alors, n'y avait-il pas à craindre que les uns et les autres, — grévistes d'hier et grévistes d'aujourd'hui, — tenaillés par la faim, ne soient acculés à la cruelle obligation de reprendre le chemin de l'usine, de l'atelier ?

Puis, ne fallait-il pas compter avec d'autres, plus pitoyables encore, plus affreusement malheureux : les perpétuels grévistes, les sans-travail ? Multitudes à bout de tout, lamentables épaves ! Ayant englouti au Mont-de-Piété leurs dernières hardes, ces misérables végétaient, vivaient on ne sait comme, ou mieux, mouraient à petit feu. Or, l'espoir de manger n'allait-il pas dresser ces réserves de chair à travail contre les grévistes ?

Et alors, la guerre de classes ne risquerait-elle pas de dériver en guerre fratricide, — pauvres diables contre pauvres diables : chômeurs contre grévistes ?

C'est dire que la question alimentaire dominait tout. Elle était l'énigme du nouveau sphynx. Si le prolétariat trouvait la solution, la voie lui était ouverte, — large et belle, — sinon, il serait dévoré !... Il retomberait sous le joug, plus lourdement que jamais !

Dès la déclaration de grève, les grandes coopératives de consommation s'étaient mises en mesure de fournir du pain, — non seulement à leurs adhérents, mais aussi aux non-coopérateurs.

Il était bien évident que, tant que le mécanisme commercial enserrerait ces coopératives, elles ne pourraient procéder à des distributions gratuites de pain et des aliments dont elles disposaient, que dans une trop modeste proportion. Il faut ajouter même, que si elles eussent pu faire davantage, c'eut été encore insuffisant pour rassasier une multitude aussi énorme.

A cette heure psychologique, qui allait décider de l'avenir du mouvement, le peuple eut l'intuition des nécessités inéluctables. Fut-ce simple instinct de conservation, ou réminiscence des théories sociales qui avaient pu être semées dans les cerveaux, y sommeiller et s'y épanouir brusquement, au moment fatidique ?

En tous les cas, il se produisit dans la classe ouvrière les mêmes phénomènes d'inspiration spontanée et d'audace féconde qui marquèrent l'aurore de la révolution de 1789 à 1793. Cette révolution, dont on a surtout exalté les aspirations politiques, fut illustrée d'actes qui dénotaient de profondes tendances sociales. Avant de se préoccuper de la forme du gouvernement, le peuple songeait à vivre. — et il s'en prenait aux riches, aux accapareurs. Dans les villes, dans les campagnes, incalculables furent les soulèvements sociaux : ici, des bandes prenaient d'assaut les magasins de blé et partageaient les approvisionnements qui s'y trouvaient ; là, d'autres bandes s'emparaient de la farine, la portaient au boulanger et, la cuisson faite, procédaient à la distribution du pain ; ailleurs, la foule exigeait que, sur le marché, les provisions soient vendues à bas prix, afin que tous puissent s'approvisionner. Partout, le premier mobile du mouvement était le pain, — puis, l'entraînement venant, les révoltés saccageaient les maisons des percepteurs d'impôts, pillaient les châteaux, brûlaient les papiers concernant les droits féodaux, les impôts...

Un identique état d'âme se révéla dans la classe ouvrière, à la proclamation de la grève générale ; sur les malheureux sans-travail, jusque-là si veules, si incapables d'énergie, passa un souffle de révolte. Ils ne pensèrent pas à remplacer les grévistes, — ils songèrent à vivre ! Eux, et tous les inconscients qui, la veille encore, courbaient l'échine, trimaient sans espoir, entrevirent le salut, l'évasion de la misère. En eux, jaillirent les mêmes préoccupations que celles qui soulevaient le peuple de 1789 : s'assurer le pain, les subsistances !

Des bandes se formèrent qui — ici, là, partout ! — assaillirent boulangeries, épiceries, boucheries. Aux commerçants lésés qui, naturellement, récriminaient, les révoltés avec un flegme superbe signaient des bons de réquisition qui, assuraient-ils, seraient remboursés à la Bourse du travail. Après quoi, ils procédaient à la distribution gratuite.

Contre ces bandes, qui surgissaient à l'improviste, opérant sur des points éloignés, sans que rien ait donné l'éveil, la police, la troupe était lancée. Vaine intervention ! La force armée arrivait souvent trop tard. Mais aux cas rares où elle survenait à propos pour disperser les pillards, elle ne rencontrait pas de résistance. La bande où, à côté des hommes étaient des femmes, des enfants, se laissait disperser sans efforts. Ceux qu'on s'avisait d'arrêter suivaient sans rébellion, — avec d'autant plus de désinvolture que, sachant les prisons farcies, débordantes, ils prévoyaient ne faire qu'un court séjour au poste voisin. Une telle passivité dans la révolte rendait difficile l'emploi, contre ces bandes, des moyens violents. Et c'est ce qui fit que, pour nombreuses et toujours réitérées que fussent ces scènes de réquisition, elles furent rarement tragiques.

Cette non-résistance n'était d'ailleurs qu'une tactique, à laquelle la foule eut recours, en maintes occasions : elle avait la prudence de se refuser aux batailles inutiles et dangereuses, — qui eussent été pour elle des hécatombes. Mais, quand elle jugeait opportun de se dérober, sa reculade n'était pas une débandade. Après avoir lâché pied, cette même foule se reformait dans un autre quartier, — et tout était à recommencer pour les troupes de l'ordre.

D'ailleurs, les autorités purent constater combien le respect et la crainte qu'elles inspiraient auparavant s'évanouissaient vite chez les ouvriers.

Il devint promptement impossible aux sergents de ville de circuler isolément. La chasse leur fut faite, jusque dans les maisons où ils étaient domiciliés. Comme, en majeure partie, ils habitaient les quartiers populeux, — comme ils se trouvaient porte à porte avec les grévistes, — ils furent traqués, houspillés, pâtirent de représailles. Dans la quantité, il en était qui s'étaient embrigadés faute de mieux, —

poussés par la nécessité. Ceux-là n'avaient pas le feu
sacré et, lorsqu'ils constatèrent que le métier devenait scabreux, qu'il y avait force coups à recevoir,
ils négligèrent de prendre leur service et se terrèrent
si bien qu'on ne les revit plus. Quant aux autres, —
les zélés, — pour se soustraire aux rancunes populaires, ils demandèrent à être logés dans les postes
ou encasernés.

La traque aux policiers de tous poils s'organisa
aussi, vigoureuse, impitoyable. Des enquêtes rapides
s'ouvrirent sur les suspects, menées à bien par leur
entourage, les voisins, — et les quartiers où les travailleurs formaient l'essentiel de la population
furent épurés.

De leur côté, les groupements antimilitaristes
redoublaient d'audace. Ils ne bornaient plus leur
activité à chapitrer les escouades de soldats, ils les
attiraient aux réunions, leur donnaient en exemple
les gardes-françaises de 1789, les fantassins du
18 mars 1871, et les incitaient à pareille attitude.

Plus d'une fois, même, il advint aux antimilitaristes, de passer de la morale à l'action : de désarmer des factionnaires ou tous les soldats d'un poste.
Plus d'une fois, également, il advint que ceux-ci se
laissèrent doucement faire violence et mirent à être
désarmés une complaisance bénévole.

L'inquiétude de l'armée et sa dépression morale
s'accentuaient, — aggravées par les déplorables conditions matérielles auxquelles son campement dans
Paris la soumettait. Elle aussi ressentait le contre-
coup de la grève, — elle était mal approvisionnée,

mal nourrie. Avec cela, surchargée de corvées et astreinte à une guerre qui lui répugnait de plus en plus ; aussi, le dégoût et la fatigue brisaient en elle tout ressort.

Quant aux troupes mobilisées pour faire le travail des grévistes, elles s'en acquittaient avec mollesse et indifférence. Les résultats en étaient piteux. Leur travail n'était guère qu'un sabotage inconscient.

L'armée n'obéissait donc qu'à regret et rechignait aux besognes qu'on attendait d'elle. Les chefs n'étaient pas dupes, — ils sentaient grandir la rancœur et le mécontentement des troupes ; mais ils évitaient de sévir, par crainte d'accentuer l'effritement de la discipline qu'ils constataient ; ils tâchaient de remonter leurs soldats en les haranguant et les encourageant, disant les mener à une entreprise glorieuse.

Ainsi, cette armée, — seule force réelle dont disposait le pouvoir, — menaçait de se dérober. En elle, les progrès de la prédication antimilitariste étaient encore latents ; mais un observateur attentif pouvait en constater l'empreinte profonde et prévoir qu'au moindre incident, — une consigne plus sévère, un ordre tenu pour rigoureux ou excessif, — ce serait la révolte.

On sentait les soldats frémissants, prêts à regimber, — plus enclins à faire cause commune avec le peuple qu'à marcher contre lui.

CHAPITRE VIII

Réquisition révolutionnaire

Les procédés de réquisition incohérente, dont usèrent, dès le début de la grève, les bandes de sans-travail, avaient été utiles pour donner l'orientation, mais ils étaient insuffisants et incertains. Il y fut substitué, grâce à l'initiative des organismes syndicaux, une méthode rationnelle de répartition qui, quoique rudimentaire, fut passablement satisfaisante.

Cette initiative s'imposait. Si les syndicats (qui se proclamaient aptes à réorganiser de fond en comble la société) eussent laissé le gouvernement veiller seul à l'approvisionnement, ils eussent été rapidement frappés de discrédit. Leur incapacité comparée à l'action du gouvernement aurait redonné du prestige à celui-ci et prouvé qu'il n'était pas aussi inutile et nuisible que le prétendaient ses détracteurs.

Les syndicats, tout en enrayant les efforts d'alimentation du pouvoir, organisèrent un système concurrent qui, tout informe qu'il fût, était supérieur. Cette supériorité, les tendances communistes la firent apparaître : tandis que le gouvernement s'en tenait forcément au système commercial, ou tout au plus faisait la charité à ceux qui étaient dénués de numéraire, les syndicats pratiquaient une répartition égalitaire qui s'inspirait des principes de solidarité.

Leur premier soin fut de s'agglomérer la masse non encore syndiquée, car rares étaient les groupements qui comprenaient, sinon l'unanimité, mais même la majorité des membres de la corporation.

Jusque-là, les syndicats avaient, à de rares exceptions, groupé seulement l'élite ouvrière, qui bataillait pour l'amélioration générale et faisait bénéficier de ses efforts les êtres passifs, les non-syndiqués.

Tout en soutenant, cette fois encore, le poids de la lutte et tout en continuant à prendre les responsabilités de la bataille engagée, la minorité agissante appelait à elle les non-syndiqués ; elle ne les appelait pas au péril, mais à la répartition.

Des manifestes avisèrent donc tous les travailleurs, encore inorganisés, d'avoir à se faire inscrire à leur syndicat respectif, afin de pouvoir participer, sur le pied d'égalité, aux répartitions alimentaires qui allaient s'effectuer par l'entremise des organisations ouvrières.

Ces distributions de victuailles ne se firent pas avec un rigorisme étroit. D'autres que les syndiqués en bénéficièrent, des intellectuels, des commerçants, des artisans. Ceux-ci se trouvaient encore en marge de l'organisation syndicale parce qu'elle avait été, dans le passé, une organisation de combat ; mais ils allaient y trouver leur place, maintenant qu'elle serait transformée en organisme social.

Les syndicats de l'alimentation se constituèrent en commissions d'approvisionnement. Les réserves des grandes maisons de commerce, les dépôts, les magasins de gros, furent mis à contribution et c'est ainsi que les coopératives et les cuisines communistes, — installées dans les locaux de restaurants, et de marchands de vin, — purent faire des distributions et suffire en partie à la consommation.

Avec l'esprit de solidarité qui animait les organisations syndicales, la première pensée fut pour les malades et on eût le soin de réserver, pour eux, les morceaux les meilleurs, la rare viande de boucherie.

Dans les hôpitaux, les malades ne pâtissaient d'ailleurs pas de la grève, le personnel qui les soignait étant resté en fonctions. Mais, il est bien probable que s'il n'y eût eu, pour les alimenter, eux et le personnel, que l'Assistance publique, les uns et les autres eussent fait maigre chère.

Les ouvriers boulangers avaient été des premiers à faire grève ; ils furent aussi, étant donné que le pain est à la base de l'alimentation parisienne, des premiers à reprendre le travail, — mais à des conditions très précises. Ils acceptèrent de recommencer, provisoirement, à pétrir, comme devant, chez les patrons qui consentirent à distribuer gratuitement le pain à tous ceux qui ne pourraient le payer ; chez ceux qui ne voulurent pas souscrire à cette obligation, la grève continua ; ceux qui l'acceptèrent eurent l'habileté de se rattraper sur les riches, en leur vendant le pain plus cher.

En outre, les ouvriers boulangers, par équipes se succédant sans discontinuer, travaillèrent dans les coopératives de consommation et les boulangeries ouvrières ; de plus, il fut pris possession des grandes boulangeries patronales, à pétrins mécaniques, et des usines de panification telles que la grande fabrique de pain de La Villette où se pouvaient cuire, en vingt-quatre heures, quelque cent mille pains de quatre livres.

Pour se procurer la farine et le blé nécessaires à cette intensive panification, des expéditions s'organisèrent à l'effet d'en réquisitionner aux docks, ainsi qu'aux greniers de La Villette et de Grenelle.

On revit des spectacles du genre de celui qui se déroula dans Paris, le 13 juillet 1789, après qu'eut été pris d'assaut, ce qui, à l'époque, était le·couvent saint-Lazare, — et qui devint ensuite une des prisons de la Bourgeoisie.

Les assaillants avaient trouvé, dans ce couvent, des grains et de la farine en quantité : ils décidèrent de transporter leur butin aux Halles et, pour ce faire, ils réquisitionnèrent de vive force une cinquantaine de chariots. Le chargement opéré, la procession se mit en route, en un exubérant cortège, tandis que farandolaient autour des chars des insur-

gés, affublés d'oripeaux empruntés à la chapelle
du couvent.

Le décor en moins, et avec des camions automobiles au lieu des primitives charrettes, on revécut
semblables défilés.

La tradition révolutionnaire se renouait même à
tel point qu'il y eut, à l'égard de ces incidents,
identique attitude, en les deux cas, de la force
armée : en 1789, les gardes-françaises, casernés
faubourg saint-Denis, refusèrent de se déranger,
lorsqu'on vint leur annoncer que l'assaut était donné
au couvent saint-Lazare, — objectant qu'ils n'avaient
pas d'ordres et qu'ils ne se mêlaient pas des besognes de la police ; ce fut aussi le manque d'ordres
qu'objectèrent les postes militaires, pour s'éviter
d'intervenir, lorsqu'ils furent avisés que les grève-
généralistes dévalisaient les dépôts de blé et de
farine.

En la plupart des circonstances où force lui était
d'intervenir, la troupe n'exécutait les ordres qui lui
étaient donnés que contrainte et souvent avec mur-
mure, — exprimant par là combien lui répugnaient
les besognes dont on l'accablait. Ces sentiments, que
les soldats ne se donnaient plus la peine de cacher,
s'accroissaient des contacts et des relations qui
s'étaient établis entre eux et la population ouvrière
au milieu de laquelle ils campaient : on leur passait
du pain, aussi du vin, — car le vin fut toujours en
abondance ! — et comme les pauvres diables de
troupiers étaient mal nourris, et irrégulièrement, ils
étaient joyeux de l'aubaine.

Les syndicats ne se préoccupèrent pas uniquement d'assurer un minimum d'alimentation pour tous. Leurs plus actifs militants étaient hantés par la maxime, tant ressassée par Blanqui : « Il faut que, vingt-quatre heures après la révolution, le peuple constate qu'il est moins malheureux... » et cette maxime, ils s'efforçaient de la mettre en pratique.

Ils se préoccupèrent du logement et de l'habillement. On requinqua les malheureux qui étaient dans le plus grand dénuement ; on rechercha et on logea les sans-asile dans les chambres vides des hôtels du voisinage.

Les hôteliers, les commerçants, un brin offusqués, protestèrent. On arriva à les convaincre, grâce à des « bons » de réquisition, qu'ils tenaient bien pour vague garantie, mais qui leur donnaient droit de participer aux répartitions syndicales. A ces « bons » on ajoutait quelques brefs sermons sur la solidarité humaine, dont le règne s'annonçait.

Tous les commerçants, tous les propriétaires, ne furent pas d'humeur aussi accommodante. Il y en eut d'intraitables, ne voulant accepter ni hôtes, ni subir de réquisitions, — et refusant les hypothétiques « bons ». Ces récalcitrants couraient demander aide et protection à la police, à la troupe, — et il en résultait des bagarres plus ou moins graves.

Ainsi s'accentuait la grève. A l'immobilité négative des premiers jours, qui se limitait à la désagrégation sociale, commençait à succéder la période d'affirmation et de réorganisation.

L'activité grandissait au siège de la Confédération,

à la Bourse du travail, aux fédérations corporatives
et aux comités de grève. Là, désormais, était la vie,
— une vie encore embryonnaire, — qui n'en était
qu'à sa période d'incubation, mais qui, demain, allait
s'épanouir en organismes vigoureux, se substituant
aux organismes morts.

Et, ce qui réconfortait, mettait de la joie au cœur,
était que, grâce aux mesures prises, la maxime de
Blanqui était en passe de réalisation : les parias de
la société capitaliste voyaient poindre l'aube d'une
vie nouvelle. Déjà, certains mangeaient mieux
qu'hier et l'atmosphère de misère qui les enveloppait semblait moins lourde, moins épaisse, moins
noire !

CHAPITRE IX

La révolte de l'armée

La période de dissolution sociale ne pouvait se perpétuer. Le gouvernement avait hâte d'un dénouement, car la persistance de la grève, qui fortifiait les syndicats, avait pour lui des effets croissants de désagrégation et d'épuisement. L'Etat se trouvait démantelé : tout craquait ; amputé de ce qui avait fait son prestige, — les organismes vitaux de la société, — il se trouvait presque réduit aux seuls organismes de répression : magistrature, prisons, police... Il avait aussi l'armée, — seulement, la fidélité en était de plus en plus problématique.

Voulant en finir avec l'insurrection, le pouvoir résolut de proclamer l'état de siège. Il eut l'approbation du Parlement. Ce n'avait qu'une importance de forme. Les Chambres n'étaient qu'un résidu qui se survivait ; affolées, voyant rouge, elles pouvaient, au cours de leurs interminables séances, discuter, décider, voter des résolutions et des ordres du jour, — l'intérêt était ailleurs. Elles ne représentaient plus rien. Le parlementarisme agonisait.

Quoique résolu à l'œuvre sanglante de la répression implacable et féroce, le gouvernement était perplexe. Le mouvement révolutionnaire qu'il voulait écraser avait ceci de typique que, n'étant pas centralisé, son éparpillement rendait l'opération plus ardue. Sur quels points convenait-il de porter l'effort décisif ? Occuper militairement le siège de la C. G. T., et même la Bourse du travail ne rapprocherait guère de la solution. Faire emprisonner les principaux militants, les membres des comités et des commissions ? Il l'avait déjà tenté, sans résultats appréciables. Les arrestations, qu'il avait réussi à faire opérer — et elles étaient nombreuses ! — n'avaient rien désorganisé. Les membres incarcérés avaient été remplacés automatiquement, — plusieurs fois de suite en certaines organisations — sans qu'il en soit résulté ni désagrégation, ni même flottement.

A la suite de ces coups de force, pour parer à leur renouvellement, les Comités de grève avaient pris leurs précautions : ils siégeaient en permanence dans les salles de réunion où, jour et nuit, veillaient de nombreux grévistes.

Et puis, il n'y avait pas que les comités à neutraliser, à annihiler, — il y avait aussi le peuple...

Où l'atteindre ? Comment le frapper ? Il avait la prudence de ne pas se prêter à la répression, — il savait se dérober, se faire impalpable, insaisissable. En outre, avec quoi le contraindre ? Pour vaincre son inertie, pour le ramener au travail, pour le remettre sous le joug patronal, il faudrait le noyer sous le nombre... Et le gouvernement n'avait plus le nombre pour lui ! Il n'avait plus l'armée en mains. Pire même, il ne pouvait se fier qu'à demi aux gardes municipaux, — dans leurs casernes, on susurrait l'*Internationale*. A bien calculer, il n'avait, en fait de soldats, que quelques corps d'élite, principalement de cavalerie, sur lesquels il pouvait sûrement compter. En outre, il avait la police, — encore était-il que la rude chasse aux sergents de ville et aux policiers avait éclairci ses rangs.

Qu'importait ! La situation présente n'était pas tenable. On amènerait des canons et des mitrailleuses dans les rues, s'il le fallait, — mais on en finirait avec la grève générale ! Pour commencer, on occuperait militairement la Confédération, la Bourse du travail, les salles de réunions, les coopératives, — tous les centres d'activité ouvrière. Si on éprouvait la moindre résistance, — immédiatement, on donnerait l'assaut !... Et, en vertu de l'état de siège, on n'aurait pas à s'embarrasser de scrupules. Plus de demi-mesures ! Contre les audacieux qui oseraient résister on serait implacable !...

Les dispositions furent prises pour la réalisation rapide de ce plan décisif. Les troupes furent mises en mouvement et dirigées sur les points stratégiques de la grande opération combinée.

Le remue-ménage militaire que nécessita la préparation de ce coup de force, auquel devaient participer toutes les troupes disponibles, ne fut pas sans éveiller l'attention des grévistes et, eux aussi, prirent leurs dispositions.

Déjà, dans les syndicats, les éléments jeunes, — les plus entreprenants, les plus résolus, — avaient constitué des sortes de cohortes qui s'étaient plus spécialement donné pour mission de veiller à la sécurité des comités et des permanences, — établissant des gardes, des postes, afin que la surveillance ne fût jamais en défaut et qu'on ne risquât pas d'être pris à l'improviste.

Ces groupements avaient aussi cherché à s'armer, — se précautionnant de munitions, réquisitionnant chez les armuriers et un peu partout les armes utilisables. Ils ne se leurraient cependant pas sur la mince valeur de leur armement. La plupart des jeunes gens qui faisaient partie de ces cohortes étaient, en même temps, affiliés aux groupes antimilitaristes, — ils savaient bien qu'il eut été fou de leur part, d'espérer tenir tête à l'armée.

Ils savaient qu'on n'a jamais fait une révolution contre l'armée, — mais seulement avec son appui, ou tout au moins avec sa neutralité. Ils savaient qu'à toutes les époques insurrectionnelles, le peuple n'a triomphé que lorsque la troupe a refusé de tirer, s'est ralliée à lui. Et ils en concluaient que, cette fois encore, l'attitude de l'armée déciderait de l'échec ou du triomphe de la grève générale. C'est pourquoi tous leurs efforts avaient convergé à nouer des relations avec des soldats. Ils y étaient parvenus d'autant plus facilement que l'armée était travaillée, elle aussi, d'aspirations sociales, — écœurée, harassée du rôle répressif auquel on l'astreignait.

Dans la plupart des casernes et des campements, il s'était établi, entre soldats et ouvriers, des accointances précieuses. Il y avait plus grave ; en bien des compagnies, aux chambrées, fréquemment le thème de conversation roulait sur ce que les soldats se doivent à eux-mêmes et à l'humanité... et, en conclusion, il s'était formé dans les régiments des groupes d'affinité. Pour en faire partie, une préalable promesse était exigée des affiliés, — celle de ne pas tirer sur le peuple. De plus, comme il était matériellement impossible de tenir les troupes constamment consignées, des soldats ne craignaient pas de profiter de leurs rares heures de liberté pour se mêler au populaire et assister aux réunions.

Tel était l'état d'âme de la troupe, lorsque le Pouvoir se décida à porter à la grève le coup qu'il espérait décisif.

Dans la nuit, les marches et contre-marches s'effectuèrent, de façon qu'au matin les opérations militaires se pussent commencer sur tous les points à la fois.

Un peu avant l'aube, un incident aussi imprévu que désastreux, vint jeter le trouble dans les dispositions prises. Alors que s'achevaient les préparatifs de la bataille, à la caserne du Château-d'Eau qui, vu sa proximité de la Bourse du Travail, et aussi de la rue Grange-aux-Belles, était un des centres d'action de la répression, — des cris « au feu ! » s'élevèrent.

La caserne flambait !

L'alarme fut vite donnée. En un désordonné pêle-mêle, les soldats descendirent dans la cour et, après un premier moment de panique et d'affolement, on se préoccupa d'éteindre l'incendie. Il avait plusieurs foyers, — preuve certaine de malveillance, — et déjà sur divers points, il faisait rage.

On s'activa pour mettre les pompes en batterie. Mais, déception angoissante ! L'eau ne venait pas... L'une après l'autre, toutes les prises d'eau furent ouvertes ! Ce fut en vain ! D'aucune rien ne jaillit. Il fallut se rendre à l'évidence : l'eau avait été intentionnellement supprimée.

Avant qu'on eût acquis cette déconcertante certitude, un temps précieux avait été perdu. Lorsqu'on renonça à tout espoir d'enrayer le sinistre, l'incendie gagnait de proche en proche, crépitant d'étage en étage. Les unes après les autres, les croisées crevaient avec fracas, laissant entrevoir, au travers de torrents de fumée, les rutilances de la fournaise.

Quand on voulut sauver les chevaux, qui avaient amené canons et mitrailleuses, ces bêtes, affolées, ruaient, se cabraient, étaient intraitables. Après d'énormes difficultés, on parvint à les faire évacuer. Par contre, il fut absolument impossible, malgré d'incroyables efforts, de les atteler aux pièces d'artillerie, — qu'on dut abandonner dans la cour, ainsi que leurs parcs à munitions... Et l'angoisse s'aggrava des redoutables explosions possibles.

Cette catastrophe disloqua toutes les combinaisons arrêtées pour l'attaque. Les soldats, complètement débandés, à peine vêtus et sans armes, erraient à l'aventure. Malgré qu'aucun d'eux n'eût péri dans l'incendie, ce fut avec beaucoup de peine que les officiers parvinrent à rassembler la moitié de leurs effectifs. L'autre moitié avait fondu, s'était éclipsée...

Tandis que brûlait la caserne du Château-d'Eau, d'autres événements se déroulaient qui allaient porter un coup plus rude encore, à la cause du capitalisme.

Les groupements syndicaux et les cohortes antimilitaristes, dont l'action était liée et concordante, s'avisèrent, tandis que le gouvernement opérait son branle-bas de combat, de tenter des contre-opérations sur les points que forcément il dégarnissait. Hantés par le désir de s'armer sérieusement, ces groupes avaient exercé une assidue surveillance, autour des dépôts d'armes de l'Etat, résolus à s'en emparer à la moindre occasion propice. Cette nuit-là, ils furent servis à souhait !

Les amoncellements d'armes et de munitions, accumulés à Vincennes, — ainsi que sur d'autres points, — avaient été laissés presque à l'abandon. Dès que les cohortes antimilitaristes furent avisées, le mot d'ordre fut rapidement passé dans toutes les organisations ouvrières et, par petites bandes qui ne pouvaient attirer l'attention, les grévistes se dirigèrent sur les points indiqués.

Les quelques soldats laissés à la garde des dépôts furent promptement réduits à l'impuissance et, cela fait, on s'activa à vider complètement les magasins. Avant que les autorités militaires fussent averties, des milliers d'hommes étaient munis de fusils semblables à ceux de l'armée.

Certes, les grévistes n'étaient pas invincibles, par

le seul fait qu'ils avaient maintenant des armes à tir rapide. Mais, cet avantage leur donnait une telle hardiesse, une si grande sûreté d'eux-mêmes qu'ils ne redoutaient rien. C'est que, outre leurs fusils aux mains, ils avaient au cœur des convictions profondes ; ils avaient la volonté et l'énergie qui triomphent des obstacles paraissant les plus insurmontables... Tandis que les troupes qu'on leur opposait, quoique supérieures par l'instruction militaire, leur étaient notablement inférieures, car elles marchaient par contrainte, sans enthousiasme et sans confiance.

Dès le matin, la fièvre des journées de grand drame déversait tout Paris dans les rues.

L'armée, ses dispositions dernières prises, morne et sans fougue, — sans rien de l'entrain qu'on attribuait aux soldats français, même dans les moments les plus critiques, — occupait les points qui lui étaient assignés. Tout à coup, dans ses rangs, la nouvelle des incidents de la nu.t se propagea comme une traînée de poudre : les soldats se racontaient l'incendie de la caserne du Château-d'Eau, la mise à sac des dépôts d'armes, — et que, maintenant, les grévistes étaient aussi bien outillés que les régiments de l'ordre pour la bataille.

A ces récits, que ponctuaient des commentaires fâcheux, ce qui restait aux troupes d'esprit de discipline, de sentiments d'obéissance, s'effondra ! Et tandis qu'elles restaient là, figées dans l'attente, déconcertées, — une foule, plus curieuse qu'apeurée, où dominaient femmes et enfants, inondait les trottoirs, la chaussée. Cette foule, affluant toujours plus nombreuse, se resserrait autour des soldats, se mêlait à eux, — malgré les injonctions des officiers qui, impatientés, nerveux, hésitaient cependant à ordonner des brutalités contre elle, tant elle était inoffensive d'aspect.

Entre temps, de Vincennes, les grévistes revenaient sur Paris, en longues colonnes ; ils étaient enthousiastes, leurs yeux reflétaient la force et la confiance. Ils étaient armés ! Ils allaient, vibrants d'énergie, scandant leur marche de refrains révolutionnaires et ne redoutaient aucune rencontre.

Comme toutes les armes et munitions n'avaient pu être distribuées sur place, ils en avaient rempli des camions, qu'ils ramenaient et escortaient.

Au départ de Vincennes, les révolutionnaires avaient eu la précaution de prendre des mesures de prudence ; pour éviter tout piège ou une attaque imprévue, des cyclistes circulaient en avant et sur les côtés, en éclaireurs. D'autres grévistes à qui le maniement des armes était familier, formaient une avant-garde et quelques-uns des plus intrépides s'étaient improvisés chefs de file.

Maintenant, par la large avenue, en un front étendu, la colonne dévalait et, houleuse, elle approchait de la place de la Nation. Minutes tragiques, décisives !

Un régiment de ligne, envoyé à la rencontre des insurgés, les attendait devant l'œuvre de Dalou. Ce monument, — ironie des choses ! — baptisé « Triomphe de la République », allait donc être le témoin de la débacle de la république bourgeoise !... Quelle joie eût éprouvé le grand artiste, combien il eut été radieux, si — lorsqu'il pétrissait la glaise de ses lions, — il avait pu évoquer le spectacle qui allait se dérouler à leurs pieds : la revanche de 1871 !

Les officiers eussent voulu éviter le contact du peuple avec leurs soldats et faire ouvrir le feu à distance. Ils en furent empêchés par l'affluence de la foule qui, toujours plus dense, plus compacte, entourait leurs hommes, gênait leurs mouvements et qui, au lieu de se disperser aux ordres, enlisait davantage les soldats.

Maintenant, cette foule, où les femmes, les enfants, dominaient, de passive se faisait audacieuse : des objurgations s'en élevaient impérieuses et douces, faites de cris de pitié, de sanglots, d'appels à l'humanité, d'ardentes et haletantes prières, d'exhortations aux soldats à ne pas tirer sur les frères, les enfants, les maris...

Encore quelques pas et les grévistes qui avaient entonné l'*Internationale* et rugissaient le couplet des soldats et des généraux, allaient joindre la foule et se trouver aux prises avec la troupe. Les officiers, qui sentaient celle-ci faiblir, s'amollir, commandèrent « baïonnette au canon ! »

Pour faciliter l'exécution de cet ordre, — et pour isoler la troupe de la multitude, — ils enjoignirent une brusque reculade de quelques pas. A ces commandements qui, de coutume, font se mouvoir machinalement les soldats, — comme des automates, — c'est à peine si quelques mouvements s'esquissèrent.

Des clameurs, exaspérées et furieuses, couvrirent les voix des chefs militaires, annihilant leur influence ; des imprécations et des malédictions fusè-

rent et, de la foule, avec des gestes qui arrachaient
les fusils aux mains des soldats, déferla, gronda, se
répercute l'appel : « Crosse en l'air ! »

Les officiers supérieurs tentèrent d'enrayer la
défection imminente. Furieux, écumants, ils lançaient leurs chevaux au front des troupes : tantôt
ils admonestaient les soldats factieux, leur promet-
taient le conseil de guerre, le poteau d'exécution...,
tantôt se retournant vers la foule, ils menaçaient de
la faire fusiller par les soldats...

Ces accès de rage, qui rappelaient la colère du
général Lecomte, au 18 mars 1871, à Montmartre,
ne firent que brusquer la révolte militaire : les soldats répondirent par le geste fatidique, et tendirent
les mains au peuple. Et, au lieu d'une scène d'hor-
rible carnage, ce furent des embrassades, une ruée
de joie.

Le régiment se disloqua. Soldats et grévistes se
donnèrent l'accolade, — tandis que les officiers (qui
se rémémoraient la scène de la rue des Rosiers) prenaient du large, sous le crépitement des balles
saluant leur fuite.

De la place de la Nation, après une courte halte,
soldats et grévistes se divisèrent en plusieurs colonnes, — qui par le faubourg Antoine, qui par le
boulevard Voltaire, qui par l'avenue Philippe-Au-
guste — allant, bras dessus, bras dessous, avec une
irrésistible force d'impulsion et d'entraînement.
Partout où ils passaient, c'étaient des cris d'enthousiasme, de frénétiques acclamations et, sur leur par-

cours, les troupes qu'ils rencontraient étaient disloquées et emportées dans leur sillage.

La rumeur de cette première défection se propagea avec une foudroyante rapidité. Sur tous les points où les dirigeants avaient médité d'engager l'action répressive, les soldats — démoralisés déjà, — étaient définitivement désemparés par les récits pessimistes qui leur parvenaient et ils se refusaient à combattre, passaient au peuple.

Sur quelques points, il y eut des velléités de résistance, esquissées par les troupes d'élite, principalement par la cavalerie. Mais lorsque celle-ci, dont les chevaux avançaient difficilement, — car les voies étaient parsemées d'obstacles, surtout de débris de verres, de bouteilles, — eut essuyé quelques décharges des fusils à tir rapide, dont étaient maintenant nantis les grève-généralistes, son ardeur se calma. Il en fut pareillement des quelques autres troupes fidèles qui, attaquées devant, derrière !... prises pour cible du haut des croisées !... ne purent tenir.

Les insurgés ne se grisèrent pas de leur victoire. Ils firent preuve de sens pratique. Ils prirent les décisions nécessaires et eurent les initiatives utiles pour que leur succès ne fût pas sans lendemain.

Des bandes s'étaient formées, dans divers quartiers ; elles allèrent donner l'assaut aux casernes et occupèrent tous les centres de l'action répressive et les centres gouvernementaux, afin de rendre impossible toute tentative de coordination réacteuse.

Si urgente que fût cette besogne, il en était une qui avait une importance plus grande encore : il fallait, avec promptitude, frapper le Pouvoir au cœur, l'atteindre dans ses œuvres vives. A cela s'employèrent les grandes colonnes, — mi-partie de soldats révoltés et de grévistes — qui, de la place de la Nation, roulaient vers le centre de Paris.

L'une, qui avait descendu le faubourg Antoine et la rue de Rivoli, occupa successivement l'Hôtel de Ville, la préfecture de police, le palais de Justice ; puis, obliquant sur la rive gauche, elle alla donner l'assaut aux divers ministères.

L'autre colonne, celle qui avait suivi le boulevard Voltaire et les grands boulevards, tomba comme un bolide au ministère de l'intérieur d'abord, — ensuite à l'Elysée, à la place Vendôme...

Le point de jonction de ces colonnes était le Palais-Bourbon...

La marche de ces masses, qui roulaient torrentueuses, fut si imprévue, si subite, si brusque, qu'aucune mesure sérieuse pour s'opposer à leur passage n'avait pu être prise. Sur leur route, elles s'enflaient, grossissaient — allaient en avalanche ! — entraînant le populaire et les soldats qu'elles rencontraient, brisant comme fétus de paille les rares bandes de policiers ou de troupes fidèles au pouvoir qui tentaient de leur faire obstacle.

Rien ne résistait à cette houle humaine ! Elle passait, élément déchaîné, — c'était l'Océan en furie...

Et sous ses flots allaient s'engloutir le gouvernement et le régime parlementaire.

CHAPITRE X

La Déchéance du Parlementarisme

Les événements de la matinée éclatèrent en coups de tonnerre au Palais-Bourbon. Ils y furent rapportés imparfaitement, dénaturés, amplifiés, — et à l'anxiété succéda la stupeur et l'émoi. Les parlementaires, jusque-là vaguement rassurés par les paroles confiantes des ministres, par l'occupation militaire de Paris et l'état de siège, entrevirent l'abîme où allait les précipiter la tourmente.

Qu'allait-il advenir ? Certes, ils ne pressentaient pas, pour eux, d'immédiat péril. Le palais était solidement protégé. A l'entrée du pont de la Concorde, les bataillons de gardes municipaux, en rangs serrés, interdisaient l'accès par la rive droite ; du côté de la rue de Bourgogne, sur la place, autour du Palais, à l'intérieur, — partout ! — les troupes débordaient...

Comment cela finirait-il ?

Dans les couloirs, à la Buvette, des discussions s'engageaient, de ton animé, atteignant vite à un diapason de fureur nuancé de transes. Les gouvernementaux accablaient leurs collègues socialistes de malédictions, les rendant responsables de ce qui arrivait.

La séance s'ouvrit dans une atmosphère fiévreuse. Entre les quelques ministres présents le président du conseil s'efforçait à bonne contenance, — ne laissant point transparaître les inquiétudes qui l'étreignaient. Il monta à la tribune et révéla la gravité de la situation, s'efforçant de la colorer d'optimisme, — et refusant à entrevoir d'autre attitude qu'une résistance outrancière. Divers députés prirent la parole après lui, émettant de falottes propositions, s'étendant en récriminations aussi fastidieuses que hors de propos. On ne les écoutait pas. Les députés, le front soucieux, entraient, sortaient. Ils ne pouvaient rester en place, avides de nouvelles, — se préoccupant avec raison, moins des discours, inutiles et creux, débités par leurs collègues, que de ce qui se passait au dehors. Là était tout l'intérêt !

Les colonnes de grévistes, panachées de soldats, approchaient. Il en affluait par toutes les voies. Les bandes, venues par le quai Voltaire, et celles venues par le boulevard saint-Germain, arrivaient sur la place du Palais-Bourbon, tandis que celles qui débouchaient par la rue Royale ou la rue de Rivoli inondaient la place de la Concorde.

Maintenant, le grondement de la multitude, qui s'avançait avec un élan de catapulte, dominait tous les bruits. Les gardes municipaux qui barraient le pont de la Concorde, essayèrent de s'opposer au passage de cette foule. Ils tirèrent leurs sabres. En vain ! Ils furent ballotés, submergés par les flots du peuple qui, cette digue brisée, atteignit le péristyle de la Chambre. Du côté de la rue de Bourgogne, la défense ne fut pas plus tenace. Il y avait des mitrailleuses dans les cours. Elles y restèrent inutilisées, — leurs servants répugnant à les braquer contre les envahisseurs, au milieu desquels ils voyaient nombre de leurs camarades.

La présence des soldats, dans les rangs des grévistes, fut pour beaucoup dans la faible résistance des troupes encore fidèles au gouvernement.

Ce fut donc par tous les côtés, qu'en des poussées irrésistibles, la Chambre des députés fut envahie. La foule, bruyante, coléreuse, n'avait qu'un objectif : la salle des séances ! Elle y pénétra en trombe, emplissant les tribunes, encombrant l'hémicycle, — tandis que nombre de députés jugeaient prudent de se retirer.

Ce furent des cris, des clameurs, des rugissements. Des tribunes publiques un coup de feu partit, — visiblement tiré sur le banc des ministres. Un bras détourna l'arme et la balle alla s'enfoncer dans une boiserie, tandis que retentissaient d'assourdissantes exclamations : « A bas le Parlement ! Vive la Révolution sociale ! »

Des citoyens bien intentionnés, souhaitant que la révolution ne s'ensanglante pas inutilement, et qui la rêvaient sans actes de haine et de vengeance, dérobèrent les ministres aux colères populaires, tandis que sur les gradins conduisant à la tribune oratoire, des grappes humaines s'échelonnaient, se bousculaient. Un manifestant, grimpé au fauteuil présidentiel, poussait le président ahuri, prenait sa place et, agitant frénétiquement la sonnette, apaisait la houle, obtenait un silence relatif. Il en profita pour proclamer, en phrases hachées, tonitruantes, qui tombaient en coups de massues, la déchéance du parlement, la dissolution de l'Etat bourgeois et il menaça de mort les députés qui oseraient siéger encore.

Sa péroraison, que ponctuèrent les frénétiques approbations de la foule, souleva les protestations des députés de l'extrême-gauche qui, dans le désarroi parlementaire, avaient conservé leur sang-froid. Les socialistes eussent voulu donner aux événements une orientation autre : ils voulaient légiférer ; leur rêve était d'acheminer la révolution par les voies étatiques, de la continuer et de la parfaire à coups de lois et de décrets. Ils songeaient à revivre le passé et s'exclamaient : « Proclamons la Commune !... à l'Hôtel de Ville !... »

Des huées, des vociférations accueillirent ce projet. Une nouvelle tempête de cris s'éleva, au milieu de laquelle s'entendaient des grondantes protestations et les menaces de pulvériser toute renaissance gouvernementale. Il se révéla alors combien était profonde l'imprégnation syndicaliste. Les cris redoublèrent. « Non ! Non ! Pas de Commune !... Plus de parlementarisme !... Vive la Révolution ! Vive la Confédération du travail !... »

Le leader de l'extrême-gauche, le puissant orateur qui avait porté de rudes coups au régime déchu, fendit la foule, se fit livrer passage et atteignit la tribune. Il fut d'abord accueilli par une redoublante bordée de clameurs. Le cri « à bas les Quinze Mille! » fusa, pétarada, domina. C'était la preuve que, dans sa haine du parlementarisme, le peuple ne faisait pas de distinctions. Le tribun, dans le bruit déchaîné, donna de la voix, haussa le ton. D'abord, on le vit parler, plus qu'on ne l'entendit, tandis que ses mains se mouvaient en gestes apaisants, réclamant le silence.

Et voici que, comme de l'huile répandue sur les flots en colère, ses paroles apaisent les fureurs et les exaspérations déchaînées autour de lui. On veut écouter et, après quelques minutes, un calme relatif s'établit.

Avec son prestigieux don d'assimilation, le grand orateur définissait la situation, soulevait les voiles de l'avenir et esquissait le rôle désormais dévolu à ses amis. Il objurga les députés de l'extrême-gauche qui, tout à l'heure, parlaient de singer les révolutions du passé. Il les supplia de renoncer à leurs intentions, de ne pas diviser le prolétariat qui, dans les circonstances présentes, avait plus que jamais besoin d'être uni de pensées et de moyens :

« Les temps sont révolus, s'écria-t-il. Ayons le courage de voir et, sans fausse honte, sans acrimonie, nous, les parlementaires socialistes, reconnaissons-le : notre rôle est fini ! Nous avons creusé le profond sillon et semé la bonne graine qui a germé dru. Maintenant, le temps de la moisson venu, lais-

sons les moissonneurs à leur besogne. Effaçons-
nous ! Laissons faire, laissons agir les organisations
syndicales. L'axe social est déplacé. Il n'est plus ici,
il n'est plus à l'Elysée, il n'est plus place Beauveau,
il n'est même plus à l'Hôtel de Ville... il est à la
Bourse du travail, il est rue Grange-aux-Belles !
Place donc à la classe ouvrière. Laissons-la entrer en
scène, occuper les premiers rôles. Rentrons dans le
rang, sans vanité froissée, sans dépit. Nous trou-
verons bien moyen de donner encore un coup de
collier... »

Tandis que le tribun socialiste tenait les envahisseurs sous le charme de son éloquence, la plupart
des parlementaires, — ceux surtout qui se savaient
fortement exécrés du peuple, — de même que les
membres du gouvernement, se faufilaient hors de la
salle des séances et s'esquivaient. Si bien que, quand
l'orateur eut fini de parler, il n'y avait plus guère
dans l'enceinte que la foule, toujours aussi dense,
et les députés de l'opposition.

Entre ceux-ci, le désaccord surgissait. Il en était
qui, ne voyant rien au delà du démocratisme, désap-
prouvaient formellement, et de très bonne foi, la
thèse du tribun socialiste et s'obstinaient à donner
suite à leur projet de « commission provisoire » de
« gouvernement révolutionnaire »... quelle que fût
son appellation ! La chose leur importait, plus que
l'étiquette !

Mais, les grève-généralistes veillaient. Leur
triomphe était complet et ils n'étaient pas d'humeur
à laisser le champ libre aux parlementaires, — si
bien intentionnés fussent ceux-ci. Après une brève

6.

délibération ils convinrent que, pour parer à toute tentative de retour offensif du pouvoir déchu, ou à un effort de rétablissement du parlementarisme, un certain nombre de camarades resteraient en permanence dans le Palais-Bourbon et, au besoin, s'opposeraient par la force à toute manœuvre contre-révolutionnaire.

Cette préoccupation formelle de désorganiser l'Etat, de le démanteler et de le désemparer radicalement, — afin de rendre impossible au gouvernement de se ressaisir et de se rallier sur un point quelconque, — était fortement sentie par tous. Elle répondait si exactement aux nécessités, que les diverses bandes de révolutionnaires, après avoir donné l'assaut à la préfecture de police, aux ministères, à l'Elysée, etc., avaient eu la même précaution d'y laisser des postes de grève-généralistes.

L'Hôtel de Ville ne fut pas négligé. Il fut occupé d'autant plus sérieusement que, par tradition, on avait tendance à le considérer comme le centre de l'activité révolutionnaire. Que de fois, de son balcon, lorsque le peuple avait jeté bas ses gouvernements, les hommes qui prirent la succession du pouvoir vinrent y recevoir l'investiture révolutionnaire.

Cela, c'était le passé ! Aujourd'hui, la Bourse du travail, la Confédération, les centres syndicaux étaient le cœur et l'âme du mouvement, — et c'était vers eux qu'allait le flux des foules.

La journée, — dont l'aube avait été lugubre et menaçante, — s'acheva dans l'enchantement. Après les péripéties qui venaient de l'illustrer, après la torpeur des jours précédents, la nuit vint, sereine, —troublée seulement par l'exubérance et la frénésie de la joie populaire.

Le succès de la révolution s'annonçait irrésistible, — l'effondrement du pouvoir semblait complet, irrémédiable. Les hommes, qui avaient porté la responsabilité de la résistance, — président, ministres, officiers supérieurs, grands dignitaires de l'État, — s'étaient éclipsés, évanouis ! Et, comme conséquence de cet écroulement, de cette débandade, ce qui restait d'armée tombait à rien. Les officiers avaient, la plupart, prudemment disparu ; ceux qui restaient étaient les rares chefs imprégnés d'aspirations sociales et qui, estimés de leurs soldats, étaient bien près de partager avec eux l'allégresse populaire.

Quant aux soldats, revenus au peuple, mêlés à lui, partout on leur faisait fête, partout on les accueillait fraternellement... N'avaient-ils pas, dans une large part, contribué au succès de la journée ?

Après les poignantes angoisses de la grève, tous, — bourgeois et ouvriers, — savouraient la détente. Pour les premiers, cependant, cette détente s'acidulait d'inquiétude, — qu'allait être le renouveau social ? Pour les seconds, l'inconnu de demain n'annonçait que joies, — il était la réalisation des espoirs caressés tant et tant : la fin des cauchemars de misère !

CHAPITRE XI

Sus aux Banques !

Sans désemparer, tous les comités d'organisations syndicales siégeaient. Ils restaient quasi en permanence, empoignés par une fièvre d'action qui grandissait avec les circonstances.

Ce n'était pas tout que d'avoir jeté bas l'Etat centralisé, militarisé, expression du droit romain et césarien. La véritable besogne commençait dès l'instant de cette chute : il fallait remettre la machine sociale en marche ; il fallait surtout, en grande hâte, assurer les subsistances, éviter la famine.

Sur ces difficultés de tout premier ordre vinrent se greffer les ennuis, — heureusement tout relatifs, — que suscitèrent les obstinés partisans de l'étatisme socialiste, s'entêtant à faire dévier la révolution dans des voies gouvernementales. Leur déception de n'avoir pu instaurer à l'Hôtel de Ville un pouvoir quelconque ne les avait pas guéris de leur projet. Ils étaient déconfits, mais non convertis. La fréquentation des milieux parlementaires et la pratique légiférante les empêchait de comprendre le mouvement ; son envergure les dépassait, — et ils croyaient la révolution perdue. Cependant, leur intervention ne fut pas néfaste, grâce aux habitudes de lenteur, de discussions oiseuses, se perpétuant sans aboutir, que leur avait inculqué le parlementarisme. Les syndicats les gagnèrent d'activité et de vitesse ; chez eux, les discussions étaient brèves, les décisions promptes et leur mise à exécution suivait, rapide. Cette supériorité annihila les parlementaires de la révolution qui, privés de points d'appui, s'agitaient dans le vide, s'épuisaient en efforts devant rester sans sanctions, puisque toutes les forces sociales avaient désormais fait retour aux organismes corporatifs.

La régression gouvernementale fut donc évitée et, une fois le terrain déblayé de toutes les superfétations politiques, il appartint aux intéressés eux-mêmes, réunis dans leurs syndicats, les Bourses du travail, la Confédération, de réaliser directement les conditions de la vie nouvelle.

Le premier soin fut de ne pas retomber dans les errements de 1871. Le souvenir de la Commune, montant la garde aux caves de la Banque de France, dont les millions servirent à alimenter la répression versaillaise, était trop vivace et trop obsédant pour qu'on commît la même faute. Les révolutionnaires avaient le sens des réalités sociales et ils ne croyaient pas leur victoire parachevée, parce qu'ils avaient abattu la façade de la vieille société, — le parlementarisme. Aussi, dans la nuit même qui suivit la victoire populaire, le Comité Confédéral, après entente avec le syndicat des employés de banque, décidait la prise de possession de la Banque de France, de la Caisse des dépôts et consignations, des grands établissements financiers, — sans établir de distinctions entre les maisons de banque ou de crédit, relevant de l'Etat ou de capitaux privés.

Il fut convenu que décharge provisoire serait donnée aux intéressés et que ces richesses, considérées comme propriété sociale, serviraient en attendant la réorganisation normale, à faire face aux besoins sociaux et à assurer la consommation. Il fut, en outre, stipulé qu'il serait tenu compte aux particuliers de leurs dépôts respectifs, dont ils pourraient continuer à user, pour des besoins d'échange, sous forme de chèques.

Ces opérations donnèrent lieu à des manifestations d'un caractère spécial. Les résidus des partis de réaction, — qu'on pouvait qualifier de préhistoriques, — crurent l'occasion propice pour se signaler à l'attention. Ces tardigrades, qui s'imaginaient faire accepter leurs cris de « vive le roi » en les entremêlant de « mort aux Juifs » suscitèrent des attroupements. Ils avaient espéré dévoyer le peuple en l'ameutant uniquement contre le capital juif, contre les banques sémites. L'accueil qui leur fut fait leur prouva combien ils retardaient : ils furent conspués et houspillés de vigoureuse façon par les travailleurs qui ne se laissèrent pas prendre à ces subtilités d'un autre âge. La leçon fut même assez dure et cette incartade réacteuse fut sans lendemain.

Un spectacle d'un ordre tout différent, — poignant parce qu'il mettait à nu de vieilles misères et réconfortant parce qu'il en annonçait la fin sans retour, — ce fut l'opération du dégagement des objets de toute valeur, grande ou faible, déposés au Mont-de-Piété. La procédure fut simple et expéditive : tous les dégagements s'opérèrent gratuitement. Dans les foules faisant queue aux guichets n'étaient pas que des prolétaires ; nombreux aussi s'y pressaient des commerçants, des patrons, que les affres de l'échéance, les difficultés des affaires avaient acculés à l'emprunt sur gages. Or, chez ceux-ci, malgré que l'ordre de choses qui s'instaurait ne leur inspirât pas de grandes sympathies, au fond de leur regard luisait une flamme de satisfaction ; ils ne pouvaient s'empêcher de songer que, si la révolution leur réservait bien des déboires, du moins elle s'inaugurait aimablement.

Dès la victoire, une autre mesure fut prise spontanément : des équipes d'écrivains révolutionnaires ainsi que d'ouvriers d'imprimerie, avisèrent à assurer la réapparition des journaux. Il était normal que, les conditions sociales se trouvant bouleversées, les conditions d'édition le fussent aussi. Auparavant, les quotidiens n'avaient guère été que des engins, précieux pour le capitalisme, — et ils s'asservissaient typographes et journalistes. Les uns et les autres devaient faire litière de leurs manières de voir, de leurs opinions, de leurs intérêts de classe et collaborer à répandre des idées que souvent ils considéraient comme fausses, délétères, pernicieuses ; la nécessité de recevoir du capital un salaire, — sans lequel ils ne pouvaient vivre, — les y obligeait.

Désormais, le travailleur n'étant plus serf du capitaliste, le salaire étant aboli, les conditions de fabrication des quotidiens devaient être différentes : ils ne pouvaient être que le produit de l'entente et de l'effort — autant au point de vue matériel, qu'intellectuel, — des ouvriers de toute catégorie, œuvrant pour les jeter dans la circulation. Par conséquent, ils ne pouvaient que traduire les aspirations et refléter les espérances du peuple.

Immédiatement, aussi, tous les syndicats prirent leurs dispositions pour la reprise du travail, dans toutes les branches. Ce fut la fin d'un cauchemar quand les quartiers délaissés par les ouvriers de l'assainissement furent nettoyés et que disparurent les pestilences qui les encombraient. Et ce fut une fête des yeux quand la lumière jaillit aux ampoules et arcs électriques et que le gaz flamba aux candélabres.

Surtout, le problème urgent à résoudre fut celui d'assurer l'alimentation !

On alla au plus pressé. La nécessité obligea souvent à se remettre à la besogne dans des conditions défectueuses. C'était un provisoire auquel il fallait se résoudre, — mais on eut hâte d'y remédier.

La prise de possession s'organisa avec méthode.

L'État aboli, aucune entrave ne pouvait plus con-

trarier l'épanouissement des instincts populaires :
l'esprit d'entente et de concorde allait fleurir, ainsi
que les tendances communistes, si longtemps comprimées par l'autorité.

Et la tradition allait se trouver renouée, entre la
cité nouvelle et les communes du Moyen-Age, au
sein desquelles avait germé un rudimentaire communisme, dont le centralisme gouvernemental avait
arrêté le développement.

CHAPITRE XII

La grève générale en province

Jusqu'ici, en esquissant les péripéties de la lutte entre le Syndicalisme et le Parlementarisme finalement effondré, c'est surtout l'action du Paris révolutionnaire qui a retenu notre attention. Il nous faut revenir en arrière et montrer la part considérable que prit la province au mouvement, — car elle éclaire et explique le prestigieux succès de la révolution.

Si l'ébranlement eut été circonscrit à la capitale, — en supposant même qu'il eût gagné quelques grandes villes, — le gouvernement n'eût pas été aussi rapidement désemparé. Mais, il eut à lutter contre une grève, au champ d'action si vaste, au front si étendu, aux foyers si nombreux et si intenses, que les moyens de coercition dont il disposait furent émoussés dès les premiers moments.

Ainsi que nous l'avons indiqué, l'armée se trouva

numériquement trop faible pour écraser la révolte et, qui plus est, on ne put, faute de moyens de communication rapides, la diriger sur les points menacés.

Lorsque la tuerie des grands boulevards vint finir d'encolérer Paris, la crise économique sévissait en province, — tout comme dans la capitale, — et les grèves y faisaient rage. Aussi, dès que s'y propagea la nouvelle du massacre, le courroux qu'il suscita porta l'effervescence au comble.

Dans les endroits où les travailleurs étaient aux prises avec les patrons, le caractère de ces conflits fut instantanément modifié et, sans retard, la grève générale était proclamée.

Le soulèvement ne fut pas restreint aux seules localités en grève. Il se propagea rapidement et, dans la plupart des centres où l'organisation syndicale avait poussé des rameaux vigoureux, la cessation du travail se généralisa avec une impétuosité inouïe.

Les appels de la Confédération et les mesures combinées par les fédérations corporatives tombèrent dans un terrain préparé et eurent le résultat d'exalter et de fortifier le mouvement, — plus que de le commander et de le diriger. La valeur et la supériorité de l'organisme confédéral ne consistaient pas en des fonctions directrices, mais plus exactement, dans une faculté d'impulsion et de coordination. Il était doué, en effet, d'une force de vibration qu'il puisait dans son agrégat fédératif et qui, en rayonnant, s'amplifiait.

On apprécia alors combien étaient superficiels et

exagérés les tiraillements et les divisions qu'on disait exister au sein de la Confédération — dont on avait fait grand tapage, ce qui avait contribué à rassurer la bourgeoisie. Tous les syndicats, quelles que fussent leurs tendances, — les plus modérés d'apparence, de même que ceux d'allure outrancière, — firent bloc contre l'ennemi. Tous se trouvèrent d'accord ! Toutes les zizanies s'effacèrent, s'oublièrent et, d'un bout de la France à l'autre, la classe ouvrière se trouva debout, — partout à la fois. Et, partout aussi, d'identiques sentiments l'animaient ; partout une même et ardente combativité la dressait contre la société capitaliste.

On constata en même temps que les hommes qui, dans l'organisation syndicale, étaient réputés pour leur modérantisme et eussent pu servir de frein à l'agitation, — ou bien étaient entraînés par le courant révolutionnaire et se mettaient au niveau du mouvement, — ou bien, s'ils restaient ce qu'ils étaient hier, sans vouloir tenir compte des événements, perdaient toute influence.

Partout, donc, la grève se propagea avec égale ardeur et pareille fièvre d'entraînement qu'à Paris. Même, certaines corporations vantées pour leur sens positif et réputées comme ne devant cesser le travail qu'après en avoir décidé au préalable par referendum, négligèrent tout formalisme et furent des plus emballées à se mettre en grève.

Dans les pays de mines, dans les régions métallurgiques, la cessation de travail s'opéra avec une instantanéité et une brusquerie prodigieuses. De suite, les capitalistes réclamèrent la protection de la force armée. Ils y mirent d'autant plus d'insistance qu'ils étaient très apeurés. Ils redoutaient l'explosion des haines qu'ils s'étaient attirées. Il faut savoir que, dans ces industries, depuis longtemps trustifiées par des « comités » et des « comptoirs de vente », les conditions imposées aux ouvriers étaient dures, léonines. Et les maîtres de forges, les directeurs de grandes usines et de compagnies de mines craignaient les vengeances...

Aux premières heures, le gouvernement satisfit de son mieux aux demandes de troupes qui lui parvinrent. Il éparpilla les soldats, au gré des exigences patronales, dans les centres les plus menacés. Mais, les appels de secours se firent si nombreux, qu'il ne sut bientôt qui entendre. On lui demandait de protéger le bassin minier de l'Est, celui du Nord, du Centre, de Saône-et-Loire, de l'Aveyron, du Gard, etc. ; aussi les régions textiles, les pays ardoisiers, les centres de céramique, de mécanique, de cinquante autres industries, sans compter les régions forestières et agricoles... De partout, de tous les points du territoire à la fois, lui parvenaient de pressantes réclamations.

Le gouvernement avait encore à faire surveiller les voies ferrées, par crainte que les rails ne soient déboulonnés, les travaux d'art sabotés ; de même, il devait faire garder les lignes télégraphiques et téléphoniques, afin d'éviter que leurs fils ne soient coupés.

Dans les centres où battait la grève, il fallait des soldats pour veiller sur les monuments, — il en fallait également pour supplanter les grévistes dans certains travaux essentiels.

Où prendre les soldats nécessaires à cette considérable besogne de protection ? Il eût fallu autant de soldats que de poteaux télégraphiques, que de signaux de chemins de fer, que de ponts, que de bornes kilométriques... Il en eût fallu dix fois plus que n'en avaient à leur disposition les autorités !

Les choses en étaient à tel point que, sauf à Paris, où les troupes étaient concentrées en force assez imposante, partout ailleurs l'armée était tellement disséminée qu'elle était incapable de tenir tête à une bande de grévistes disposant de quelques armes et ayant la volonté de se battre.

Certes, il y eut des parages qui furent indemnes de grève, — mais le désarroi n'en était pas moins grand. Il importait peu que, dans une ville de trois ou quatrième ordre, le service des postes continuât à être assuré, étant donné que le télégraphe était immobilisé et le service postal détraqué dans les alentours. Les communications se trouvaient à peu près autant entravées que si la cessation de travail s'était étendue partout.

Même constatation pour les chemins de fer : il y eut des gares où la grève fut nulle. Seulement, le trafic n'en était pas moins arrêté, parce qu'il suffisait pour cela que, dans quelques gares, les employés aient bloqué les voies, mis les disques à l'arrêt, entravé les aiguilles et cessé le travail. Or, comme ces engorgements se renouvelaient de distance en distance, les rares trains qu'on parvenait à lancer, avec un personnel de fortune, ne pouvaient circuler qu'avec une lenteur déplorable.

Quand éclata la grève générale, l'esprit de révolte était, à l'état latent, plus développé en province qu'à Paris. Cette remarque avait été faite à maintes reprises. Il en résulta que, dans quantité de centres, l'accélération du mouvement fut très rapide : très vite, l'évolution se fit et la grève, d'abord de protestation et de solidarité, se mua promptement en grève insurrectionnelle.

Dans les grandes villes, dans les chefs-lieux où siégeaient les autorités, la grève passa par des phases qui, en petit, — et avec des variations d'intensité, — rappelèrent le processus révolutionnaire de Paris. A une période purement expectative, limitée à l'arrêt du travail et à la suspension de la vie industrielle et commerciale, succéda la période offensive : les grève-généralistes occupèrent les centres de l'action gouvernementale et firent la chasse aux représentants de l'Etat.

L'action révolutionnaire s'engageait avec d'autant plus d'entrain qu'elle s'attaquait à des autorités plongées dans l'inertie, faute d'ordres. Les fonctionnaires du gouvernement étaient trop accoutumés à obéir pour se risquer à bouger sans instructions. Or, comme ils n'en recevaient presque plus, ils restaient dans l'expectative, — ils attendaient ! Ainsi la centralisation, mécanisme si précis et merveilleux, — en temps normal, — qui permettait de faire exécuter, d'un bout à l'autre de la France, le même geste, à la même heure, à tous les préfets, n'avait

plus que des inconvénients en période révolutionnaire.

Le principal objectif des révoltés fut de mettre
l'armée hors d'état de nuire. Dans les villes de garnison, qui étaient d'ailleurs, pour la plupart, presque
vides de troupes, car celles-ci avaient été dirigées
principalement sur les centres d'agglomération
industrielle, — le premier soin fut de s'emparer des
officiers supérieurs : mesure simplement provisoire, accomplie pour les immobiliser sûrement. Une
poignée d'hommes décidés menait l'opération à bien.
Cela fait, les soldats se laissaient assez facilement
convaincre, désarmer et licencier. Après quoi, très
avisés, les révolutionnaires s'armaient.

Il y eut des variantes dans le débauchage des
troupes. Ainsi, il advint, quand un détachement était
envoyé sur un point menacé, que la foule ouvrière
s'agglomérât sur son passage, faisant reproche aux
soldats de leur passive obéissance, les suppliant de
se souvenir qu'ils étaient frères de ceux qu'ils
allaient combattre et réprimer. Les femmes, surtout, étaient admirables d'audace. Elles se préci-
pitaient à la bride des chevaux des officiers ; héroïques, elles barraient la route aux soldats, clamant,
hurlant : « Tuez-nous ou vous ne passerez pas !... »
Ces scènes, de noble et épique délire, achevaient de
démoraliser les troupes qui marchaient déjà à
contre-cœur ; elles résistaient peu, — elles se laissaient arracher les fusils des mains, s'indiscipli-
naient, se débandaient.

Dans certaines régions à industries uniques, —

centres de charbonnages, de hauts-fourneaux, d'usines gigantesques, — les travailleurs s'étaient depuis longtemps préparés aux événements actuels ; ils vivaient dans leur attente, — guettant impatiemment leur venue. Afin de n'être pas pris au dépourvu, ils s'étaient procurés des armes, — principalement des fusils de guerre réformés, — et sous le couvert de sociétés de gymnastique, s'étaient familiarisés avec leur maniement.

Dès la déclaration de grève, sans hésitations, ni atermoiements, ils passèrent à l'offensive et, considérant que tout était à eux, ils prirent crânement possession du pays. Les patrons, les directeurs, leurs sous-ordres, — tous ceux qui s'étaient attirés l'exécration ouvrière, — s'enfuirent en hâte. Il y en eut qui ne furent que pourchassés rudement ; d'autres n'échappèrent pas aux colères et aux haines longtemps comprimées.

Quand l'armée arriva dans ces pays en révolte, elle fut reçue par une population décidée à se défendre, supérieure en nombre et qui ne manquait pas d'armes. Les grévistes étaient prêts à la bataille, — ils préféraient cependant l'éviter et agir sur les soldats par la persuasion et la douceur ; ils les accueillirent donc sympathiquement, les exhortant à pactiser avec eux.

Comme l'armée n'était guère retenue dans l'obéissance passive que par la crainte des châtiments, sa désagrégation n'était qu'un problème psychologique : la contagion de l'exemple devait emporter toutes ses indécisions. Lorsque différents corps de troupes, sur des points divers, eurent passé au peuple, la nouvelle s'en répercuta, rapide, — malgré le manque de communications, — et les uns après les autres, gagnés par l'épidémie de défection, les régiments mirent bas les armes.

Dans ces régions purement industrielles, où toute la force capitaliste et étatiste était enfin à vau-l'eau, les travailleurs ne se tinrent pas pour satisfaits de leur victoire. Ils n'oublièrent pas le devoir de solidarité et s'empressèrent de porter assistance aux camarades en lutte. De ces fourmillières humaines, où naissait l'espoir, s'élancèrent des phalanges de révoltés. Elles allèrent vers les villes avoisinantes, où leur aide pouvait être utile.

Spectacle impressionnant fut celui de ces bandes de peuple, scandant leur marche de chants de délivrance aux sonorités éclatantes. Elles faisaient songer à des échappés de l'enfer du Dante, courant à l'assaut du paradis.

Sur leur passage, aux hameaux et aux villages que traversaient ces bandes, accueil enthousiaste et fraternel leur faisaient les paysans. Eux aussi étaient empoignés par la fièvre de liberté ! Et ils acclamaient les révoltés, leur serraient les mains, leur offraient l'hospitalité.

Quant à l'arrivée à la ville, — terme de l'expédition, — elle s'effectuait au milieu de délégations syndicales, d'une foule en ébullition, avec un redoublement de frénésie joyeuse qui exaltait les timorés et terrassait de peur les ennemis de la révolution.

CHAPITRE XIII

Le branle des paysans

A leur tour, les paysans entrèrent en branle. Et leur intervention fit la révolution irrévocable, mit le sceau décisif à son triomphe.

L'abstention des paysans eût été une alternative redoutable. Outre que les capitalistes auraient trouvé un point d'appui dans les campagnes, ils y auraient puisé des hommes pour combattre les ouvriers des villes, et peut-être les écraser !

L'histoire était là qui le proclamait : il n'y avait pas à espérer de révolution profonde et efficace, sans le concours des paysans. L'exemple de 1789-1793 était concluant : la Jacquerie implanta la révolution au cœur de la nation, la réalisa dans les villages, y déracina l'ancien régime.

La bourgeoisie savait cela, aussi n'avait-elle rien négligé pour dresser, en frère ennemi, le paysan contre l'ouvrier. Longtemps, elle avait bénéficié de

la méfiance et de la haine des paysans à l'égard des
ouvriers de la ville. Longtemps, elle n'avait pas eu
de meilleurs soldats, à lancer contre ceux-ci, que les
jeunes recrues de la campagne. Et c'était pour entretenir, toujours chaude et vivace, l'âpre rancune des
terriens, qu'elle avait popularisé dans les villages
la légende des « partageux », des prolétaires, toujours disposés à se révolter et à fondre sur les
paysans pour leur prendre la terre.

Bien des circonstances avaient fini, cependant, par
aplanir ce cruel malentendu. D'abord, la pénétration de l'industrie dans les régions agricoles, — sous
prétexte de main-d'œuvre à bon marché, — avait
commencé à modifier la mentalité des paysans. Puis,
des relations plus étroites s'étaient établies entre
la ville et le village, facilitées par le développement
des communications, par les journaux, par la montée de l'instruction. D'autre part, le gars parti à la
caserne en revenait souvent dégrossi, transformé,
imprégné d'idées socialistes, qu'il vulgarisait au
retour au pays.

Si l'on ajoute que le peuple des campagnes pâtis-
sait du malaise général, se plaignait de la mévente,
des impôts, des hypothèques, on comprendra qu'un
jour vint où il élagua de son esprit l'ivraie des préventions et des haines, contre le peuple des villes,
qu'y entretenaient les privilégiés.

Considérable fut l'influence des coopératives agricoles. Elles réveillèrent chez les paysans les pratiques
d'association et d'entente commune que la bourgeoisie s'était évertuée à étouffer. Comme nombre de ces

coopératives écoulaient leurs produits par le canal des coopératives de consommation des centres industriels, cela contribua au rapprochement.

Plus féconde encore fut l'action des syndicats paysans qui s'affilièrent à la Confédération, ou qui se constituèrent et se développèrent sous son influence. Ces syndicats firent leurs les tactiques de lutte de la C. G. T., ils épousèrent son idéal et le propagèrent. Quand on eut vu des paysans participer aux congrès confédéraux, nul ne put se leurrer sur la portée sociale de cet événement. C'était la démonstration que, désormais, l'accord était fait, l'alliance réalisée, entre paysans et ouvriers.

Les viticulteurs du Midi et les bûcherons du Centre furent les premiers paysans confédérés. Les autres suivirent ! Les paysans du Nord, les résiniers des Landes, les maraîchers de la région parisienne. D'autres vinrent après et, bientôt, sur la France terrienne, s'épandit et grandit un réseau syndical, vivace et vibrant. Les parias de la terre n'étaient plus de la poussière humaine ; le groupement, la solidarité leur avaient donné vigueur et force ; ils avaient cessé d'être apathiques, lourds d'esprit, et ils ne redoutaient pas l'avenir, car ils se familiarisaient avec l'œuvre d'émancipation et de prise de possession de la terre dont ils caressaient l'espoir.

Aussi, en bien des régions, les paysans répondirent à l'appel de grève générale. Ils s'associèrent au mouvement avec une chaleur et une impétuosité d'autant plus grande qu'ils ne l'interprétaient pas dans le sens restreint et étroit d'une simple protestation contre les agissements du pouvoir. Limiter la grève uniquement à une suspension du travail leur paraissait insuffisant et, au lieu de se borner à se croiser les bras, ils songeaient à des gestes plus catégoriques. A leur avis, l'occasion était propice, pour effectuer l'acte essentiel qui leur tenait au cœur, — la libération de la terre. Ils se tinrent donc aux aguets, — car ils voulaient bien agir, mais n'être pas les seuls. Aux premiers symptômes d'effervescence nettement révolutionnaire, l'audace leur vint, leurs dernières hésitations s'évanouirent : ils se levèrent pour prendre la terre. La terre ! qui, pour le paysan, est la vie assurée, la liberté conquise.

La secousse révolutionnaire se répercuta donc dans les villages, — et ce fut une nouvelle Jacquerie !

Aux plaines du Nord, de la Brie, de la Beauce, et dans tous les parages où la grande culture ne laissait pas un lopin de terre au paysan, la révolte éclata et on s'empara des grands domaines. Dans les forêts du Centre, les bûcherons, vétérans de l'organisation syndicale et depuis longtemps familiarisés avec le travail en commun, firent la chasse aux marchands de bois, occupèrent les terres, les forêts. Dans le Midi, les vignerons marchèrent ; mais ce n'était plus à l'appel des propriétaires, comme en 1907, — au contraire, c'était pour leur courir sus.

Cette Jacquerie fut accélérée par une de ces paniques dont on retrouve des exemples dans l'Histoire. De village en hameau, le bruit se propagea que des « brigands » envahissaient les campagnes, venaient se partager les terres. Ce fut la réédition de la grande peur de 1789.

A quelles causes doit-on attribuer des faits de cet ordre ? Faut-il en rejeter la responsabilité sur les réacteurs qui, escomptant profit du pire, crurent, grâce à ces faux bruits, exaspérer les paysans contre les révolutionnaires ?... Ou bien, les révolutionnaires, par calcul machiavélique, usèrent-ils de cet expédient pour secouer l'apathie paysanne ?

Les deux thèses sont également plausibles, si l'on s'en rapporte aux antérieures données historiques : en 1789, aristocrates et révolutionnaires contribuèrent, — les uns et les autres, — à susciter la panique dans les campagnes... Mais, la révolution seule en bénéficia !

Quoi qu'il en soit, d'où que vint l'impulsion, — pour le cas qui nous occupe, — le résultat fut que, comme en 1789, les paysans se levèrent et s'armèrent...

Ils s'assemblent, se coalisent !

Une fois debout, ils ne virent pas surgir à l'horizon les brigands annoncés, mais, ayant secoué leur passivité, ils subirent à leur tour l'effet de l'ambiance révolutionnaire. Ils firent ce que, dans tant d'autres villages, on avait fait déjà : ils découvrirent le vrai brigand, — le riche, le grand propriétaire, l'Etat et ses sangsues !

Et alors, tout comme leurs aïeux de 1789, ils furent empoignés par l'appétit de la terre. En peu de temps, la prise de possession se généralisa. Là où, précédemment, existaient des syndicats, l'initiative vint d'eux ; ailleurs, les révoltés se groupèrent et, sans délai, ils constituèrent des syndicats destinés à devenir le noyau de la communauté nouvelle.

Que pouvaient les autorités locales contre ce flot débordant ? Le maire, les quelques fonctionnaires de l'Etat et les quelques privilégiés que comptait la commune étaient impuissants. Au surplus, la plupart n'étaient pas doués d'un tempérament combatif et, autant ils eussent aimé être défendus, autant ils étaient peu disposés à se défendre eux-mêmes. Or, nulle force de compression n'existait plus. Les quelques gendarmes du canton, dont l'ardeur mercenaire était tombée, voyaient la révolte sans défaveur. Quant à l'armée, elle fondait et se dispersait à vue d'œil. Nombre de soldats revenaient au village, heureux de leur libération anticipée ; certains qui, en fuyant la caserne, avaient emporté fusils et munitions, prirent rang parmi les révolutionnaires et se distinguèrent par leur esprit d'initiative et leur fougue.

Certes, souvent les révoltés n'étaient dans le village qu'une poignée d'audacieux ; mais, ils étaient sûrs de la tacite approbation de la majorité et, si peu nombreux qu'ils fussent, moins encore l'étaient les privilégiés. Ceux-ci, isolés et éparpillés, se trouvaient enlisés dans un milieu hostile. Quelques-uns, pourtant, se refusant à accepter les événements, et se refusant aussi à émigrer, s'essayèrent à la résistance. Ils étaient fiers de leur éducation sportive, se savaient forts et robustes. Mais, ils vivaient trop dans le souvenir du passé : ils escomptaient le pretige de leur splendeur déclinante, tablaient sur le respect dont ils avaient coutume d'être entourés.

Quand ils se virent abandonnés, seuls, livrés à leurs propres forces ; quand ils constatèrent que leur domesticité se refusait à combattre pour eux ; quand ils se virent boycottés, traités en lépreux, ils durent reconnaître combien pesait peu leur force physique, maintenant que sombraient leurs privilèges.

Les révolutionnaires n'avaient d'ailleurs pas l'âme sanguinaire. Ils s'attaquaient moins aux individus qu'aux richesses, sachant que, privés du moyen de corruption qu'étaient celles-ci, les capitalistes les plus redoutés seraient incapables de nuire. Il y eut pourtant, en maintes circonstances, des exécutions brutales ; des vengeances s'exercèrent. Mais, ces drames furent des incidents, et non un système.

Entre tous les possédants, les plus effarés, les plus écrasés sous le poids des événements furent ceux ayant fui Paris ou les centres industriels pour se réfugier dans leurs villas ou châteaux. Ils étaient venus chercher le calme dans leurs terres, espérant y attendre sans encombre la fin de la tourmente.

Et voici qu'elle se déchaînait sur leurs têtes, — au moins aussi tumultueuse et implacable qu'à la ville ! Et voici que les paysans, — libérés de tout respect, leur parlant en égaux, — venaient leur faire sommation d'abandonner ces grands domaines dont ils tiraient orgueil et profit !

Abdiquer la terre en faveur de ceux qui la cultivent... C'était la fin de tout ! C'était plus horrifique que la Terreur de 1793 !...

Cette terre, qu'on leur réclamait hautainement, se fût entr'ouverte sous leurs pieds que leur épouvante n'eût pas été pire !

CHAPITRE XIV

La fin du commerce

Il nous faut revenir à Paris, que nous avons laissé en pleine crise de réorganisation. Ce fut une période chaotique et confuse, — mais aussi d'élan magnifique. Nul ne boudait à la peine. On se surmenait avec enchantement. On apportait au travail une ferveur et une ténacité incomparables. C'était pour soi qu'on besognait ! On se sentait maîtres de l'avenir !

Tous les problèmes se posaient à la fois et, à tous, il fallait apporter solution satisfaisante. Mais, entre tous, aucun n'était plus pressant que celui des subsistances.

Paris ne pouvait se passer de l'afflux continuel des produits alimentaires. Et il était d'autant plus urgent de rétablir régulièrement les arrivages que, durant la période de grève générale, les stocks s'étaient épuisés. D'autre part, il était à présumer qu'aux premiers moments, la confiance en le nouveau régime ne serait pas assez grande pour que maraîchers, éleveurs et fournisseurs divers consentissent à expédier sur Paris, sans la certitude de recevoir rémunération de leurs envois.

Il fut pallié à cette difficulté par des expédients. On puisa aux réserves en numéraire des banques et, en attendant l'accoutumance à d'autres procédés d'échange, on indemnisa les fournisseurs selon les anciens procédés commerciaux.

Les divers syndicats de l'alimentation, chacun dans sa spère, avaient dressé inventaire des approvisionnements en magasin et élaboré une statistique approximative des quantités de produits nécessaires quotidiennement. Parallèlement à cette opération, des délégués avaient reçu mission de parcourir les centres d'expédition, donnant aux expéditeurs les garanties désirables, afin que fussent rétablis les envois. Pour remplir ce mandat, les bonnes volontés ne firent pas défaut. Outre les militants des grandes coopératives de consommation ou d'achat — telle, entre autres, le Magasin de gros, — qui, étant donné leurs relations établies, furent d'un aide précieux, d'autres concours s'offrirent avec empressement. Les syndicats purent mettre à profit l'expérience et le savoir de transfuges de la bourgeoisie, ayant, dans la société capitaliste, assumé fonctions ou rôles importants, et qui, venant en toute franchise à la révolution, désiraient se rendre utiles.

Ces délégués à l'approvisionnement n'eurent pas qu'une besogne d'ordre purement matériel et commercial, — ils eurent aussi mission de propagande.

Dans les régions où syndicats agricoles et coopératives de production fonctionnaient depuis longtemps, leur mission se trouvait simplifiée ; les esprits y étaient préparés à des modes d'échange moins rudimentaires que celui du troc de leurs produits contre de l'or. Dans les parages où la vie sociale n'avait commencé qu'avec la révolution, — et plus encore dans les coins réfractaires, — ils durent déployer tous leurs moyens de persuasion. En aucune circonstance, il ne pouvait être question de recourir à la force. Celle-ci était légitime pour réduire à l'impuissance les gouvernants, anéantir l'exploitation capitaliste, — et non pour convaincre le peuple !

S'il était des paysans, des artisans, de maigres propriétaires, de petits bourgeois, auxquels les missionnaires de la révolution ne pouvaient faire partager leurs convictions, le temps et l'exemple y remédieraient.

Sans désemparer, les syndicats de boulangers, de bouchers, de laitiers, d'épiciers et autres s'étaient mis en mesure d'assurer la répartition et d'en perfectionner le mécanisme. C'était eux qui, dorénavant, chacun dans sa spécialité, avaient charge de pourvoir aux besoins, — la répartition devenant fonction sociale. Le système des boutiques disséminées ou dressées face à face, se faisant concurrence, était trop absurde pour être maintenu.

En attendant mieux, un hâtif recensement des magasins utiles fut dressé et ceux considérés comme faisant double emploi furent fermés. Dans la plupart des cas, on prit ces mesures avec le consentement des anciens titulaires de ces petits commerces. Les petits patrons, boulangers, bouchers, épiciers, furent invités à s'affilier au syndicat de leur corporation et, de commerçants ils devinrent répartiteurs, — dans leur boutique, quand celle-ci fut conservée. Ceux d'entre eux qui refusèrent ces propositions furent simplement boycottés : ils ne trouvèrent pas d'ouvriers pour travailler à leur compte. En outre, comme chez eux il fallait acheter, selon l'ancien système, ils eurent mince clientèle. La leçon fut profitable à la plupart, qui vinrent vite à composition, — et qui n'eurent pas à le déplorer.

La trustification de certains commerces de l'alimentation facilita le ravitaillement et la répartition ; ainsi fut-il, entre autres, pour la laiterie. Les services des trusts furent remis en activité et il n'y eut qu'à modifier le régime de ces maisons d'accaparement pour en faire des organismes sociaux.

Les coopératives de consommation qui, dans la société bourgeoise, avaient été utiles pour concurrencer le commerce, libérer la consommation de l'emprise capitaliste, allaient s'étioler, maintenant que les fonctions de distribution, dont elles s'étaient jusque-là acquittées, faisaient retour aux syndicats. Pourtant, durant toute la période de tâtonnement et de réorganisation, elles rendirent de bons services et furent de précieux auxiliaires.

Dans les diverses branches de l'ancien commerce, l'organisation des services de répartition s'opéra sur le même plan que pour l'alimentation : les syndicats d'employés de chaque catégorie visèrent à servir d'intermédiaires entre les producteurs et les consommateurs, en simplifiant à l'extrême les opérations. Comme il ne s'agissait plus de faire du trafic, de tirer bénéfice du service que rendaient ces intermédiaires, le fonctionnement des magasins rappela le système des coopératives de consommation.

A la multiplicité des boutiques qui, autrefois, se concurrençaient âprement, fut substitué un réseau de magasins généraux, avec dépôts de quartier. Cette simplification eut pour premier résultat d'alléger considérablement le mécanisme de répartition, et quantité d'employés, devenus inutiles, se rejetèrent sur la production. L'organisation méthodique de ces magasins généraux et de ces dépôts ne s'effectua pas sans résistance. Bien des petits commerçants s'apeurèrent et persistèrent à vivre leur vie d'antan. A ceux-là, il ne fut pas fait violence. On les laissa végéter dans leur coin. D'autres s'amadouèrent et, avec eux, il y eut transaction, comme dans le commerce alimentaire : certaines de leurs boutiques se muèrent en dépôts de quartier et les appréhensions qui, dès les premiers jours, avaient hanté ces ex-commerçants, disparurent. Ils constatèrent vite qu'ils n'avaient pas perdu au change : leur existence, fréquemment pleine de soucis, d'inquiétudes, de tracas, avait fait place à une vie aisée, plus large, sans craintes du lendemain.

La distribution des produits de première nécessité s'effectua sur un mode communiste. Il était seulement exigé, aux magasins de répartition, présentation d'une carte de consommation, délivrée par le syndicat auquel chacun était affilié. Provisoirement, sauf pour le pain et pour le sucre, — le blé étant en abondance et les stocks de sucre considérables, — il fallut se résoudre à un léger rationnement, — qui ne constituait pas une privation, — mais que justifiait pour l'instant la crainte d'insuffisance ou d'irrégularité dans les arrivages.

Il ne fut pris aucune mesure d'exception envers les « ci-devant ». On ne se crut pas en droit de les affamer. On eut à leur égard plus de générosité qu'ils n'en avaient eu à l'égard des malheureux, des sans-travail, des victimes de la société capitaliste. Il leur fut loisible de s'approvisionner, soit moyennant finances, soit sur présentation de cartes spéciales de consommation qui leur étaient délivrées à la Bourse du travail. Cela n'était que provisoire, en attendant que leur situation soit réglée. En effet, la question du parasitisme allait se poser, car dans la ruche sociale il ne pouvait y avoir place pour les frelons.

En même temps que se résolvait le problème alimentaire, on songeait aussi à vêtir et à loger convenablement les déshérités de l'ancien régime. Un peu partout, par quartiers, par rues, par blocs de maisons, des groupes d'affinités se constituaient, — groupes d'enquête et d'initiative qui faisaient pour les malheureux ce que ceux-ci n'eussent osé : ils leur procuraient vêtements, linge, meubles ; ils

recensaient les locaux inhabités et les y emména-
geaient. De même faisaient-ils à l'égard des familles
qui croupissaient dans les taudis.

Cette préoccupation constante d'apporter une amélioration immédiate au sort de la masse fut la caractéristique dominante de la révolution. Les plus
inconscients sentirent qu'il y avait quelque chose de
changé, que l'air était plus respirable, la vie moins
âpre, moins douloureuse.

Et parce que les éléments révolutionnaires furent
dominés par cette préoccupation — accroître immédiatement le bien-être général — la révolution fut
rendue invincible, put triompher de toutes les résistances, surmonter toutes les difficultés.

CHAPITRE XV

Chemins de fer et P. T. T.

La réorganisation des grands services de communication et de circulation était des plus urgentes. On la commença dès que le gouvernement eut été annihilé.

L'incapacité administrative de l'Etat avait été si notoire que la gestion autonome, par les groupes intéressés, apparaissait, — même pour des hommes qui voyaient la révolution avec antipathie, — comme la solution logique, et seule plausible. Cette transformation des anciens services publics fut simplifiée par leur forme même et, pour chacun d'eux, le personnel y procéda avec une relative facilité. Il n'y eut qu'un objectif, les adapter aux besoins pour lesquels ils étaient créés, de manière à obtenir le maximum de rendement avec le moindre effort.

Dans le service postal, télégraphique et téléphonique, ce fut, naturellement, la fédération syndicale des P. T. T. qui eut charge de la besogne de refonte.

Tandis que les communications étaient rétablies sommairement, un congrès de tous les services était organisé et des commissions de revision administrative recevaient de lui mandat de procéder à l'épuration du personnel. Les chefs indignes, incapables, parasitaires, furent balayés ; après quoi, ces commissions, s'inspirant de toutes les indications qui leur parvinrent, avisèrent à une réorganisation qui substituait la compétence à l'autorité. Les ingénieurs, les spécialistes, les administrateurs et, en un mot, les hommes de réel savoir, — en quelque ordre que ce soit, — ne furent ni dédaignés, ni méconnus ; ils furent mis à même d'utiliser leurs compétences. Cela changea du temps passé, alors que l'intrigue et le « piston » étaient autrement prisés que le savoir.

Cette préalable besogne heureusement terminée, l'on s'occupa de la simplification du service. La paperasserie qui, dans l'ancien système parasitaire, s'était follement développée, fut réduite à la plus simple expression. Il en résulta un allègement tel que le travail réel put être effectué mieux et plus vite — et avec un personnel moindre. Naturellement, ces commissions de revision ne tranchèrent pas seules et ne décidèrent pas arbitrairement de la réorganisation. La division des services facilita la tâche. Une fois le plan d'ensemble élaboré, ce furent les intéressés qui, dans leur rayon d'action, dans leur groupe ou leur section de travail, s'occupèrent de la refonte et de la réorganisation du service. Par cette méthode, il n'y eut pas étouffement des initiatives et, grâce à cette coordination des efforts communs, aiguillés dans une direction convergente, il put être obtenu une unité de fonctionnement, jamais encore réalisée.

Ce que firent, en l'occurrence, les postiers, — et ce qui se fit dans les différents services publics, — ne fut que la répétition de ce qui s'opérait couramment, pendant la révolution de 1789-93. Seulement, à cette époque reculée, c'était dans le cadre militaire, et non dans le cadre social, que la révolte se matérialisait en actes significatifs.

C'est ainsi que, dans les premiers jours d'avril 1791 — sous le règne de Louis XVI — le régiment d'Auvergne, en garnison à Phalsbourg, destitua tous ses officiers et les remplaça par des hommes de son choix. Un témoin oculaire nous a laissé le récit de l'opération :

« Vers une heure de l'après-midi, le régiment, conduit par ses sous-officiers, se range en carré sur la place d'Armes. Les officiers nobles étaient au café, à boire et à jouer. Les tambours battent, trois briscards sortent des rangs et l'un d'eux tire un papier de sa poche et lit. Il intime au sergent Ravette de sortir des rangs. Celui-ci s'avance, l'arme au bras, et le vieux soldat lui dit : « Sergent Ravette, le régi« ment vous reconnaît pour son colonel... » Ensuite, continuant à lire, il désigne successivement le lieutenant-colonel, le major, les capitaines, les lieutenants, etc.

« Les officiers nobles, que ce spectacle avait attirés

et encolérés, voulurent s'interposer. Le nouveau colonel, d'un ton sec, leur dit : « Messieurs, vous avez « six heures pour évacuer la place... » Après quoi, le régiment rentra à sa caserne... et, le lendemain, plus un des anciens officiers n'était en ville. »

Cette épuration militaire était de même ordre, — quoique dans une sphère d'action différente, — que celle à laquelle procédèrent les postiers de la nouvelle révolution. Il s'avère ainsi qu'il y a, dans les tactiques révolutionnaires, une persistante identité qui se retrouve à des époques différentes, modifiée seulement par la diversité du milieu.

En même temps que la fédération des P. T. T. menait à bien la réorganisation matérielle des services, elle élucidait et solutionnait le délicat problème des rapports avec le public. Le système qui fut adopté, — la gratuité du transport des correspondances et des communications télégraphiques et téléphoniques, — était en germe depuis longtemps ; il avait été entrevu, même dans la société bourgeoise, qui s'y était acheminée progressivement. En effet, n'était-ce pas la presque gratuité que l'affranchissement à dix centimes pour les lettres à destination des colonies ? Et n'était-ce pas un communisme relatif que d'exiger même taxe pour une lettre faisant quelques kilomètres que pour une transportée au delà des mers ?

Avec la gratuité, le mécanisme des services se

trouva réduit aux seules fonctions utiles ; il fut dégagé du travail de comptabilité et de toute la complication qu'entraînait le système monétaire. Cette transformation eut le résultat qui avait été constaté antérieurement, chaque fois que furent abaissés les tarifs de correspondance : il y eut augmentation du trafic. Mais, parallèlement à cet accroissement, il y eut une baisse considérable, qui était la conséquence de la suppression du commerce, des affaires de l'agio.

Donc, désormais, il n'y eut que les correspondances avec les pays étrangers qui restèrent soumises aux pratiques du système monétaire, aux formalités d'affranchissement ou de paiement des taxes ; à l'intérieur, l'envoi de lettres, de télégrammes, de même que les communications téléphoniques, s'effectuait sur la présentation de la carte syndicale de consommation.

Naturellement, la communisation des services des P. T. T. impliquait une réciprocité, qui mit son personnel à même de suffire à ses besoins. Il y fut pourvu au Congrès de la Confédération du travail, où se décidèrent les questions d'ordre général et au cours duquel les propositions de communiser complètement, sur l'heure, les grands services publics, les P. T. T., les chemins de fer, et autres, furent discutées et approuvées.

Comme corrollaire de cette décision, il fut convenu que le personnel des services communisés recevrait des « cartes » et des « carnets de consommation », lui permettant de faire face à ses besoins.

8.

L'opération révolutionnaire, qui transforma si radicalement le service des communications — qu'on peut qualifier de réseau nerveux de la société, — se renouvela, à peu près identiquement, pour le fonctionnement des chemins de fer, — qu'on peut comparer au réseau artériel et veineux.

Le syndicat des travailleurs de la voie ferrée se substitua aux Compagnies particulières et à l'Etat, prenant possession des gares, du matériel roulant et des ateliers de fabrication et de réparation. Cela fait, tout comme pour le service postal, des commissions élaborèrent les mesures utiles afin d'établir un fonctionnement aussi parfait que possible. On avisa à l'unification des réseaux, à la suppression des budgétivores, à l'épuration du personnel, à l'élaguement de toute la superfétation bureaucratique, paperassière et de folle comptabilité. Ces diverses mesures permirent de verser au service actif un nombre considérable d'employés, précédemment immobilisés à des besognes oiseuses et superflues.

Le transport des voyageurs, ainsi que celui des marchandises, fut gratuit et, pour faire face à leurs besoins, les employés reçurent, comme leurs camarades de la corporation postale, « cartes » et « carnets de consommation ».

Cette gratuité des transports n'était, en fait, que l'extension à tous d'un privilège jusqu'alors réservé aux grands personnages de l'Etat, aux députés et autres notabilités, ainsi qu'à certaines catégories de fonctionnaires et aux employés de chemin de fer.

Certes, aux premiers moments, cette possibilité de se déplacer à sa guise, sans bourse délier, fut une source d'abus. Tant de déshérités de l'industrie, — surtout parmi la population féminine, — n'étaient jamais sortis de l'ombre de leur usine, n'avaient jamais vu une montagne ou une plage, tant de paysans n'avaient jamais baguenaudé à la ville, que la passion de voyages qui empoigna les uns et les autres était excusable. Mais, les inconvénients qui en résultèrent furent moindres que le bénéfice moral : le malaxage des citadins et des paysans fit tomber bien des préventions et la joie de voyager prouva aux plus obtus que la Société, dont l'ère s'ouvrait, était supérieure au capitalisme.

CHAPITRE XVI

La vie de la Cité

Tandis que se substituait, pour le réseau postal et télégraphique et pour les chemins de fer la gestion syndicale à la gestion de l'Etat, une transformation semblable était menée à bien dans les grands services, tels ceux des ponts et chaussées, des transports par eau, etc. De même, s'effectuait la réorganisation des services urbains, — concédés autrefois à des compagnies ou municipalisés. Dans les uns et dans les autres, les syndicats intéressés devinrent le centre de l'activité rénovatrice.

Le pouvoir municipal était une administration, sur laquelle le conseil municipal n'avait qu'un illusoire droit de contrôle ; il relevait de l'Etat, était, comme lui, incompétent, comme lui, taré — et il sombra avec lui.

Quant au conseil municipal, parlement au tout petit pied, il était une excroissance démocratique aussi desuète que la Chambre des députés. Mais, comme l'Hôtel de Ville avait derrière lui le prestige de la tradition révolutionnaire, les syndicalistes durent veiller, nous l'avons vu, pour que cette attirance ne fut pas exploitée et pour éviter tout pastichage du passé, — une résurrection de la Commune.

La vie sociale avait désormais d'autres foyers : elle était toute dans les syndicats. Au point de vue communal et départemental, l'union des syndicats locaux, — la Bourse du travail, — allait ramener à elle toutes les attributions utiles ; également, au point de vue national, les attributions dont s'était paré l'Etat allaient revenir aux fédérations corporatives de syndicats de même profession et à la Confédération (union des organismes régionaux et nationaux, — Bourses du travail et fédérations corporatives).

Donc, sur les ruines de la centralisation, d'où découlaient la compression et l'exploitation des individus, allait s'instaurer une société décentralisée, fédérative, où l'être humain pourrait évoluer en pleine autonomie. C'était le renversement complet des termes : jusqu'ici, l'homme avait été sacrifié à la société, — dorénavant, la société serait faite pour lui, elle serait l'humus dans lequel il puiserait la sève nécessaire à son épanouissement.

Au règne de la loi, imposé par une puissance extérieure aux individus, allait succéder le régime des contrats, élaborés par les contractants et qu'il leur serait loisible de toujours modifier, révoquer. A la souveraineté abstraite et fictive dont jouissait le citoyen d'une démocratie, allait se substituer la souveraineté réelle, qu'il exercerait directement, dans toutes les zones où se manifesterait son activité.

En même temps que disparaissait le salariat, devait disparaître tout vestige de subordination. Nul ne devait, à aucun titre, être le salarié, non plus que le subordonné de quiconque : il y aurait, entre les êtres humains, contacts, contrats, associations, enchevêtrements de groupes, — mais chacun rendrait service à son semblable, sur le pied d'égalité et à charge de réciprocité. Et c'est parce qu'il allait en être ainsi que toute assemblée légiférante était surannée, — qu'elle fût nationale, départementale, cantonale ou communale.

En conséquence, les syndicats des travailleurs dont dépendait la vie de la cité, — et qui, dès l'abord, s'étaient simplement empressés au rétablissement des services, — mirent un égal empressement à élaborer les conditions de leur fonctionnement autonome.

Les syndicats des eaux, de l'énergie électrique, du gaz, des autobus, qui se trouvaient en face de Compagnies, — groupes de capitalistes, d'actionnaires, — procédèrent, suivant la méthode inaugurée par les postiers et les cheminots, à la revision et à l'épuration indispensable du personnel, ainsi qu'à la simplification des services. Pour les syndicats de l'assainissement et des services municipalisés, la prise de possession s'effectua sans le moindre encombre, la municipalisation ayant été un acheminement vers la propriété sociale ; ils n'eurent qu'à réorganiser le travail.

Dans les corporations où, dès avant la révolution, les syndicats étaient forts, la transformation s'accomplissait assez facilement ; les syndiqués — qui formaient l'ossature consciente du nouvel état de choses, — entraînaient leurs camarades, leur donnaient le ton. Par contre, dans celles où le noyau syndical était resté faible et inconsistant, des difficultés surgirent ; elles résultèrent de l'apathie dont avaient, jusque-là, fait preuve ces catégories d'ouvriers : ayant été incapables de se révolter, il était à prévoir qu'ils le seraient, au moins autant, à prendre les mesures qu'exigeait la réorganisation administrative et technique des services dont ils avaient charge.

Entre autres, ce fut le cas pour le personnel du réseau métropolitain, que la Compagnie exploitante avait su intimider et conserver à l'état de poussière humaine. On ne pouvait, pourtant, sous l'excuse de cette inertie, laisser se perpétuer l'administration capitaliste ; et on ne pouvait, non plus, heurter la mentalité des employés intéressés et procéder à une réorganisation dont ils n'auraient pas compris l'urgente nécessité. C'eût été une mauvaise solution, car elle eût consisté à substituer une autorité prolétarienne à l'autorité capitaliste.

Pour résoudre cette difficulté, les trop rares syndiqués de cette administration, d'accord avec des militants d'autres groupements, entreprirent la conversion de leurs camarades. Ils les réunirent, leur exposèrent le mécanisme de l'ordre social nouveau, et ils eurent la joie de rencontrer moins d'obstination, d'incapacité et d'inertie qu'ils ne l'avaient supposé. C'était la démonstration que, si ces travailleurs étaient restés jusque-là éparpillés, divisés, ce n'était pas manque d'affinités, non plus que répugnance à l'organisation, — mais conséquence de la compression capitaliste qui avait contrarié leurs désirs de cohésion et entravé leur groupement syndical. Libérés du joug qui avait annihilé leur initiative et leur vouloir, ils se groupèrent, acceptèrent les conseils qui leur étaient donnés, se familiarisèrent avec les besognes et les responsabilités qui allaient leur incomber et acquirent les aptitudes nécessaires.

Ceux-là ne furent pas les seuls à se plier aux événements, qu'ils n'étaient nullement préparés à accepter ou à subir. Bien d'autres firent de même et eurent recours à cette éducation mutuelle de la vie nouvelle qui, donnée sans prétentions, était accueillie sans réticences.

On assista aussi à l'évolution des syndicats jaunes, sur lesquels les capitalistes avaient autrefois fondé tant d'espoirs ; sans esquisser la moindre résistance, ils se laissèrent entraîner dans le sillage révolutionnaire. Il n'y avait rien de paradoxal en cela. Ces agglomérats ouvriers, constitués artificiellement pour la défense patronale, étaient instables, et il était naturel que, dégagés de la domestication, ils se préoccupassent de l'intérêt réel de leurs membres.

D'ailleurs, chaque fois que la bourgeoisie, pour se garantir l'avenir et éviter la propagation des idées subversives, avait favorisé l'éclosion de groupements ouvriers, avec l'espoir de les tenir en laisse et d'en user comme d'instruments, elle avait eu des déboires.

Le plus typique des exemples fut la constitution, en Russie, sous l'influence de la police et la direction du pope Gapone, de syndicats jaunes qui évoluèrent vite du conservatisme à la lutte de classes. Ce furent ces syndicats qui, en janvier 1905, prirent l'initiative de la manifestation au Palais d'Hiver, à Pétersbourg, — point de départ de la révolution qui, sans parvenir à abattre le tzarisme, réussit à atténuer l'autocratie.

La réorganisation économique ne rencontrait donc pas d'obstacles insurmontables ; la masse ouvrière, — même la plus fermée aux réalisations nouvelles, — suivait le courant.

Cette plasticité n'était pas due qu'à l'allégement occasionné par la ruine du capitalisme, — elle était aussi la conséquence de l'accélération évolutive qui marque toutes les périodes révolutionnaires : les fibres humaines vibrent alors avec une intensité grande, le cerveau fonctionne plus vite et l'adaptation au milieu s'effectue rapide, prompte. Et il n'est pas rare que les plus froids, les plus sceptiques, empoignés, secoués, n'arrivent à s'échauffer, à s'émouvoir.

En même temps que les syndicats, dont le fonctionnement était essentiel à la vie de la cité, procédaient à l'épuration, ainsi qu'à la réorganisation de leurs services, ils ne restaient pas confinés dans l'isolement. Il n'y eut pas, entre eux, les cloisons étanches qui caractérisaient les anciennes administrations ; ils ne s'ignorèrent pas et ils surent nouer des relations intersyndicales qui donnèrent aux services municipaux une coordination qu'ils n'avaient encore jamais eue. Il en résulta une répartition du travail qui n'eut pas les incohérences de l'ancien régime. On n'assista plus, par exemple, au successif défoncement et au successif repavage d'une même voie pour l'exécution de divers travaux qui, avec un peu d'accord, auraient pu s'effectuer simultanément.

La maxime fut de faire vite et bien, — mais son application découla de la structure sociale et non d'ordres et d'injonctions. Il n'y avait plus intérêt pour personne à traîner les travaux en longueur, à accumuler et à exagérer les heures de présence, non plus à saboter, à procéder à des malfaçons ou à des gaspillages de matériaux. A ce faire, on eût porté tort à tout le monde et à soi-même, — sans le moindre profit.

A côté de ces syndicats, auxquels incombaient les travaux municipaux, il se créa des groupements, des assemblées, et s'y adjoignirent tous ceux qui le voulurent, sans distinction de professions, — en qualité d'habitants et non en tant que producteurs.

La ville se trouva ainsi recouverte, enchevêtrée d'un réseau fédératif qui eut l'avantage de familiariser la population entière avec sa vie nouvelle.

Ces groupements se préoccupèrent des mesures d'hygiène, de salubrité et, par leurs conseils et leurs critiques, participèrent à l'administration de la cité. Ils s'attribuèrent les fonctions de gérance morale des immeubles, proclamés propriété sociale et, naturellement, mis à la libre disposition de tous : ils veillèrent à leur entretien, à leur réfection ; ils dressèrent les statistiques des locaux vides, s'occupèrent de régulariser les déménagements et les aménagements ; ils dénombrèrent aussi les locaux insalubres et, pour qu'y soient faits les travaux nécessaires, se mirent en rapport avec les syndicats du bâtiment ; ils marquèrent pour la destruction les ignobles bâtisses qui recélaient dans leurs taudis toutes les pestilences et tous les germes d'infection.

Pour ces besognes, ces groupements furent aidés par des commissions d'architectes, d'entrepreneurs, d'ingénieurs, ralliés à la révolution, qui concoururent, avec empressement, à l'assainissement et à l'embellissement de la ville.

Entre les multiples besognes assumées par ces groupements, nulle n'eut autant le caractère de corvée que celle qui consista à assurer une loyale répartition des locaux d'habitation. Tant que la question s'était limitée à déloger les malheureux de leur taudis, et à les installer mieux, la chose avait été relativement simple. Ce fut autre, lorsqu'il fallut satisfaire aux réclamations de locataires qui se trouvaient mal à l'aise. En majeure partie, leurs doléances étaient fondées, les immeubles de l'ancien régime ayant été rarement construits en vue du confort, — mais toujours avec la préoccupation du « rapport ». Les hôtels princiers des quartiers aristocratiques eux-mêmes, quoique aguichants d'aspect, n'étaient pas de pratique utilisation : le confort n'y étant possible qu'avec le concours d'une nombreuse domesticité.

Les projets abondaient qui, réalisés, devaient permettre à tout le monde de se loger, — chacun suivant ses goûts. Maintenant que les terrains n'avaient plus que de l'utilité, que toute leur valeur financière s'était évanouie, on songeait à l'édification d'immeubles confortables, luxueux, où l'espace ne serait pas ménagé, et qui seraient adaptés aux besoins nés de la transformation sociale. On songeait aussi, au lieu de tant s'entasser dans les énormes et étroites cages à mouches, hautes de six à sept étages, à s'essaimer vers les banlieues et à y édifier des cottages où le « chez soi » se pourrait mieux savourer.

Cela, c'était l'avenir !... Un avenir qui allait se réaliser promptement !... Mais, en attendant d'avoir Paris tel qu'on le souhaitait, il fallait se résoudre à l'habiter tel qu'on l'avait. On fit au mieux !

D'ailleurs, comme la répartition des locaux ne se fit pas par méthode autoritaire ; comme ce furent les habitants eux-mêmes qui dans leurs groupes, en décidèrent, — d'abord par rues, puis par quartiers, puis pour l'ensemble, — l'opération se fit avec le minimum de tiraillements.

Au préalable, il fut décidé qu'un certain nombre d'habitations princières, flanquées de jardins splendides, seraient réservées aux vieillards. Puis, en principe, il fut convenu que chacun conserverait ses anciens locaux, en tablant sur le minimum d'une pièce par personne, — et que les plus mal logés déménageraient les premiers.

Les « ci-devant » qui n'avaient pas émigré furent invités, avec le tact désirable, à choisir dans leurs immeubles les pièces qu'ils tenaient à se réserver ;

comme la plupart, privés de domesticité, vaquaient eux-mêmes aux soins de leur intérieur, ils s'exécutèrent sans que leur orgueil en souffrît trop.

Ensuite, après recensement des locaux disponibles, — au nombre desquels furent comptés ceux abandonnés par les émigrés, — on entreprit, dans les groupes de maisons et de rues, une commune enquête et, par avis communs, une liste fut dressée, avec indication d'urgence et de nécessité, des locataires qui, pour des raisons d'hygiène, devaient changer de locaux.

Ces premières enquêtes, transmises aux groupes de quartiers, y reçurent une classification nouvelle, — toujours basée sur l'urgence et la nécessité, — et ceux qui étaient dans les plus mauvaises conditions eurent les premiers à faire choix de logements. Grâce à ce système, ceux qui, dans la société bourgeoise, avaient été le plus mal lotis, se trouvèrent des mieux logés.

CHAPITRE XVII

L'organisation de la production

La prise de possession ne fut pas restreinte aux services dont nous venons d'esquisser la refonte ; elle se poursuivit, avec une égale ardeur, dans toutes les branches de l'activité sociale.

Les syndicats qui, dans la société capitaliste, avaient été des groupements de combat, se muèrent en groupes de production et, chacun dans sa sphère, se mit à la réorganisation du travail. En grande partie, ils ne furent pas pris au dépourvu ; les discussions et dissertations antérieures, dans les congrès, dans les journaux corporatifs, ainsi que la vulgarisation des idées socialistes et anarchistes, avaient donné à leurs militants un aperçu des besognes et des opérations à effectuer en l'occurrence.

Donc, les syndicats de chaque industrie, de chaque profession, prirent possession des usines et des ateliers qui leur étaient afférents. Ce ne fut pas toujours commode ! Des patrons regimbèrent, ne voulant rien entendre, se refusant à toute discussion, — aussi hargneux qu'un dogue défendant son os. Certains, à mentalité féodale, férus de leurs privilèges, avisèrent à se fortifier dans leurs usines, décidés à renouveler les exploits de la famille Crettiez, à Cluses ; ils s'y enfermèrent et, fusil au poing, ils attendirent les confédérés.

Mais, les temps étaient changés ! Quand les Crettier canardaient leurs ouvriers, ceux-ci étaient sans armes et les soldats qui montaient la garde aux portes de leur usine les laissaient tirer sans encombre, — loin d'intervenir, ils empêchaient les ouvriers d'enfoncer les portes pour courir sus aux fusilleurs.

Au lieu de cela, les patrons qui singèrent les Crettiez se trouvèrent seuls, en face d'ouvriers décidés et armés. Les rôles étaient renversés : ceux-ci avaient le nombre et la force ! La lutte était inégale ; les patrons étaient vaincus d'avance.

Ces incidents entravèrent peu la réorganisation des modes de travail. Les usines étaient dénombrées, leur rendement possible était supputé, — ainsi que le nombre d'ouvriers de la corporation. Après quoi, les syndicats dressaient la statistique des produits qui se pouvaient manufacturer dans un temps donné ; ils indiquaient aussi les quantités de matières premières diverses proportionnellement nécessaires. Ces renseignements, ils les transmirent à leur fédération corporative et à leur Bourse du travail qui, désormais, étaient les centres où devaient se condenser les statistiques pour la production et la consommation. Là, allaient affluer les offres et les demandes ; de là allaient rayonner les indications sur l'utilité de produire en plus grande quantité, tels ou tels objets, plus demandés que tels autres ; de là, allaient parvenir les indications pour diriger sur tels ou tels points, matières premières et produits manufacturés.

Un effet immédiat de la réorganisation fut de modifier l'absurde système de production incohérente et désordonnée, tant pratiquée en régime capitaliste. Autrefois, l'industriel produisait souvent en aveugle, sans être fixé sur la possibilité d'écoulement des marchandises manufacturées par les ouvriers travaillant pour lui ; à l'avenir, on produirait à coup sûr, avec la certitude de répondre à un besoin.

Une autre modification, profonde et d'importance extrême, fut d'apporter dans la production une loyauté jusque-là inconnue : on produisait pour l'usage et non pour la vente, pour l'utilité et non pour le gain. De ce fait, disparut le sabotage abominable, qui avait été en honneur à tous les degrés de l'échelle industrielle et qui avait enrichi tant de patrons et de fournisseurs sans scrupules : les marchandises défectueuses, mauvaises, frelatées, falsifiées, la pacotille et la camelote furent éliminées.

Pourquoi eut-on perdu un temps précieux, gaspillé des matières premières à de telles productions ? C'était bon précédemment, alors que le bien de l'un était fait du malheur des autres. Aujourd'hui, c'était l'opposé ; les intérêts des producteurs étaient identiques et ils étaient soudés à ceux des consommateurs ; nul n'avait donc profit à tromper, ni à voler son semblable.

Cette tendance à la franchise et à la bonne foi dans les rapports économiques, ce mépris du mensonge, ce dédain de l'esprit de lucre, se manifestèrent dès les premiers instants. Ils allaient s'accentuer encore, — et ce, d'autant plus qu'ils n'étaient pas le résultat d'une culture individuelle, mais qu'ils découlaient de la structure sociale elle-même.

Il n'y eut pas de formule rigide et sectariste dans les méthodes de réorganisation du travail ; il fut tenu compte des tempéraments et des affinités. Il y eut des variantes, selon qu'on se trouva en présence, soit de grandes ou moyennes usines, soit de survivances de l'artisannerie. Une fois la prise de possession opérée, lorsque certains compagnons manifestèrent le désir de travailler en artisans, isolément, il ne fut pas fait opposition à leurs préférences. De même, la formation des équipes de travail, dans les grandes et les petites installations, ne résulta pas d'injonctions arbitraires, mais de l'entente entre camarades, du recrutement mutuel. De même, il fut procédé à la répartition des fonctions diverses par délibérations et accords des équipes intéressées. Comme les besognes de coordination, d'organisation directrice et de spécialisation n'allaient procurer à qui en aurait charge aucun bénéfice supérieur, les compétitions furent réduites au minimum et les choix furent souvent judicieux. Au surplus, dans la société bourgeoise, la classe ouvrière s'était déjà familiarisée avec cette sélection des compétences,

par la pratique du travail en commandite et par le
fonctionnement des coopératives de production, à
base communiste, qui s'y étaient fort développées.

Les résistances patronales étaient brisées, purement et simplement, quand elles venaient de gros
industriels ; au contraire, on y mit des formes, on
usa de persuasion, vis-à-vis des petits ou moyens
patrons. A ceux-ci on démontra que la socialisation
allait les alléger du tracas des affaires, de la chasse
aux commandes, des craintes de la faillite. Ceux qui
s'obstinèrent à végéter suivant les anciens modes
furent tenus à l'écart ; on les laissa vivre en marge,
à leur guise, avec tous les désavantages de l'ancienne société. Comme on ne manquait pas d'outillage, on dédaigna le leur, qu'ils ne purent que très
imparfaitement mettre en valeur, faute d'ouvriers
disposés à travailler à leur compte.

A côté de ces entêtés, beaucoup, — patrons, entrepreneurs, ingénieurs, — s'essayèrent à l'adaptation. Sacrifiant ce qu'avait de factice leur existence
antérieure, ils se soumirent à la vie simple qu'allait
être, pour eux, l'existence dans le milieu nouveau.
Pour calmer leurs regrets, ils argumentèrent :
« Supposons que j'aie fait faillite, que je sois ruiné.
Il me faudrait travailler pour vivre... C'est ce qui
m'arrive, avec cette différence que suis ruiné en
compagnie... »

Or, étant donné que l'être humain a une plasticité
considérable, qu'il s'adapte vite aux conditions, aux
milieux, aux climats les plus divers, ces « ci-devant » plastronnés d'optimisme, se modelèrent à la
vie nouvelle, vivant des heures douces, découvrant

des satisfactions et des joies dont ils avaient ignoré
la saveur, au cours de la vie artificielle, même excessivement fastueuse, qui avait pu être la leur dans
l'ancien régime.

En même temps que les syndicats, dans leur cercle
d'action, effectuaient la prise de possession, présidaient à la coordination du travail et se préoccu-
paient des mesures propres à rendre les besognes
moins fastidieuses, par un meilleur aménagement
des usines et par le perfectionnement de l'outillage,
d'autres opérations se poursuivaient.

Les fédérations corporatives, qui reliaient les syndicats d'une même industrie, épars sur tout le territoire, tinrent des congrès, au cours desquels s'éluci-
dèrent les conditions générales de la production.

Une crainte perça : celle que le rendement soit
insuffisant pour qu'il pût être satisfait, sans surmenage, aux besoins essentiels. Les statistiques et les
renseignements recueillis rassurèrent les pessimistes. On se convainquit qu'avec une utilisation
rationnelle de l'outillage existant, et grâce à la suppression du chômage, si cruel et si long autrefois
dans nombre de professions, la production manufacturière atteindrait le niveau nécessaire. Dans les
corporations et pour les travaux où un doute subsista, on décida de faire appel à la bonne volonté
de tous ceux qui, dans la société bourgeoise, avaient
été occupés à des besognes inutiles ou nuisibles et
qui allaient, maintenant, faire retour à la production normale. En première ligne étaient les quelques
cent mille soldats de l'armée dissoute ; puis les

ouvriers de l'équipement militaire, ceux des manufactures d'armes, des poudreries, des arsenaux ; puis les douaniers, les employés d'octroi et de régie, les percepteurs, les magistrats, les avocats, les huissiers ; puis, toute la série des intermédiaires, courtiers, marchands, — enfin, la domesticité de tout ordre... Ils étaient tant et tant que leur concours allait suffire pour accroître la production de plus d'un tiers.

Ce dénombrement de la main-d'œuvre disponible raffermit les timorés, leur donna la certitude d'une vie d'aise pour tous et exalta leur confiance en l'avenir.

Dans chaque fédération on supputa le nombre des travailleurs supplémentaires qui, pour les diverses branches, allaient être nécessaires. Et les inoccupés, ainsi que les parasites d'hier, n'eurent qu'à faire choix : il leur fut loisible de décider à quelle besogne ils préféraient s'adonner.

Les évaluations des quantités de matières premières, des monceaux de produits manufacturés qui allaient être indispensables, ainsi que celles ayant trait à la répartition du travail dans les divers centres, furent facilitées, pour certaines industries, par le mécanisme des « comités » qui autrefois avaient « contrôlé » ces industries, ou même les avaient secrètement trusté. Ce fut le cas pour les charbonnages, pour les hauts-fourneaux, pour les grandes usines de métallurgie.

Les sièges de ces « comités » qui, sous un aspect anodin, avaient constitué pour certaines branches de la production une sorte de dictature industrielle — violemment combative à l'égard des ouvriers de la corporation, — furent occupés, dès les premiers jours de la victoire, par les grève-généralistes. Ils y découvrirent ues documents précieux, des statistiques sérieuses, — et en firent leur profit pour la refonte sociale.

Chacun de ces congrès réunissait les syndicats de travailleurs participant à l'une des multiples fonctions d'utilité sociale : il y eut le congrès des mineurs, des cheminots, des instituteurs, etc.

Les ouvriers des diverses industries de luxe, ceux œuvrant les métaux rares, les bijoutiers, les orfèvres, tinrent aussi des congrès. Ils examinèrent quelle proportion d'utilité pouvait être attribuée à leurs travaux. Tout en considérant que leur savoir-faire ne pouvait être dédaigné, car les besoins d'art et de luxe devaient être satisfaits, — vulgarisés et non éliminés, — ils conclurent que, momentanément, leur effort devrait se reporter sur des productions de plus urgent besoin.

Les travailleurs des industries inutiles, des métiers ou des emplois abolis, — les ouvriers des établissements de la guerre, des poudreries, des arsenaux de la marine, les douaniers, — se réunirent aussi, afln d'examiner en commun sur quels travaux il était préférable que se rejetât leur activité.

Ainsi, dans les assises de leurs organisations particulières, les diverses catégories de travailleurs élaboraient les conditions spéciales à leur milieu et ils se préparaient à participer à l'œuvre de coordination générale qui allait jaillir du Congrès confédéral.

CHAPITRE XVIII

Le Congrès Confédéral

Il vint des délégués de tous les points de la France. Il en vint de tous les métiers, de toutes les professions. Dans l'énorme salle où se tint le congrès, paysans, instituteurs, pêcheurs, médecins, postiers, maçons, voisinaient avec les maraîchers, les mineurs, les métallurgistes. Toute la société était là, — en raccourci.

Emouvant spectacle que celui de cette assemblée où se trouvaient réunis les plus énergiques et les plus enthousiastes des combattants de la révolution et qui, inaugurant une ère nouvelle, allait dégager et condenser les aspirations du peuple, — indiquer dans quelle voie il était résolue à s'engager.

Les vieux militants, — qui avaient vu tant de congrès ! — qui avaient rudement bataillé, avaient connu l'âpreté des luttes contre le patronat et l'Etat, et qui, à leurs heures d'anxiété et de doute, avaient désespéré de voir jamais leurs espoirs se matérialiser, rayonnaient de joie. Leurs pensées audacieuses d'antan prenaient corps. Ils vivaient leur rêve ! Doux moment que celui où s'accostaient les anciens camarades. Ils s'abordaient, les mains tendues et, frémissants, profondément émus, ils s'embrassaient, — transfigurés, rayonnants.

Les délégués nouveaux, dépaysés dès l'abord, au milieu de cette fièvre, furent vite gagnés par cette atmosphère d'enthousiasme. Beaucoup étaient le produit des événements. Avant la révolution, ils s'ignoraient et, si elle ne fut venue secouer leur torpeur, ils eussent continué à végéter, inertes, insensibles, sceptiques. Grâce à elle, leur flamme intérieure s'était révélée à eux-mêmes et, maintenant, débordants de passion, d'énergie et d'ardeurs, ils vibraient avec une intensité magnifique.

Plus merveilleux et plus réconfortant encore que le tableau de l'enthousiasme général qui épanouissait le Congrès était le spectacle de l'unité de pensée et d'action qui l'animait.

Les opinions, qui avaient tant divisé les hommes, avaient stérilisé tant d'efforts, suscité tant de haines, — qui avaient fait couler des flots d'encre... et combien de sang ! — étaient inconnues dans cette assemblée. En elle, il n'y avait pas de partis politiques. Ils avaient disparu dans la tourmente, sombré avec l'Etat. Ils étaient anéantis, finis, — la révolution les avait tués. Toutes les subdivisions, toutes les classifications qu'engendrait le parlementarisme étaient d'un autre âge. Aussi, quand le flot des délégués houlait et déferlait, il était soulevé par des préoccupations d'un ordre élevé, et non par la bassesse et la vulgarité des ambitions et des appétits, endémiques aux assemblées légiférantes du régime aboli.

Il n'y avait pas, dans cette enceinte, de député, inconnu de ses électeurs, — ayant cependant reçu d'eux un pouvoir illimité, — et substituant sans scrupules, aux aspirations de ses commettants, ses personnelles manières de voir..., qui variaient souvent au gré des vents ministériels. Il y avait des travailleurs, siégeant momentanément et ayant à se prononcer sur des points élucidés par les camarades qui les avaient mandatés. Et puis, différence considérable : au bout de quelques jours, la corvée du congrès terminée, tous ces délégués allaient retourner dans leurs syndicats et reprendre leur place de travail, — à l'usine, au chantier, aux champs.

Le changement était énorme ! Et des hommes qui, autrefois, dévoyés par les influences morbides du milieu étatique, se fussent tenus pour adversaires, (sous prétexte de divergences dans leurs conceptions gouvernementales) se trouvaient aujourd'hui en plein accord, — la question gouvernementale, totalement éliminée, n'ayant même plus à se poser. La préoccupation qui dominait, et obsédait le congrès était de besogner pour l'entente économique et de réaliser, — ou s'efforcer de réaliser — un milieu favorable à l'épanouissement humain.

Il s'agissait, pratiquement, de coordonner et d'unifier les vues des différents organismes corporatifs et fédératifs, de manière qu'en découlât un équilibre qui, loin de léser la liberté individuelle, l'étendrait

et la prolongerait par l'appui que chacun retirerait
de l'accord avec ses semblables.

En premier lieu, une résolution, qui n'avait pas à
être examinée, — même pas à être posée, — tant
elle était logique et inéluctable, fut prise : la mise
à la charge sociale des enfants, des invalides et des
vieillards. C'était une question de principe qui avait
l'avantage de fixer, pour ceux qui pouvaient conserver des préventions à l'égard du nouveau régime,
combien l'avenir allait peu ressembler au passé.

Il fut convenu qu'il ne serait fait aucune distinction entre vieillards, et que, « ci-devant » et prolétaires, auraient droit à égal traitement. Il ne pouvait, non plus, être question de restreindre parcimo-
nieusement leur possibilité de vie, en les tarifant, à
un minimum dérisoire, et en leur accordant, comme
précédemment, des retraites insuffisantes. Il fut donc
décidé que le plus grand aise possible leur serait
donné.

Ensuite, il fut stipulé que l'âge du travail commencerait, en moyenne, à dix-huit ans, pour finir
au maximum, à la cinquantaine ; cette limite d'âge
n'était que provisoire, et devait être abaissée à qua-
rante-cinq ans, dès que le fonctionnement social aurait permis de constater la surabondance des bras.

L'examen des statistiques comparatives, sur les
probabilités de production et de consommation, que
fournirent les Bourses du travail et les fédérations
corporatives, entraîna à fixer, pendant le délai d'un
an, la durée moyenne de la journée de travail à huit
heures. Dans les professions où déjà, cette durée

était inférieure, l'horaire ancien fut maintenu et, pour les travaux particulièrement durs et pénibles, la moyenne de huit heures fut abaissée.

A ce propos, s'élucida l'ancien problème des métiers « majeurs » et des métiers « mineurs », — comme on disait dans les républiques italiennes du moyen âge. Y aurait-il encore des distinctions pareilles ? Allait-il se reconstituer une sorte d'aristocratie du travail qualifié « intellectuel », et les métiers « mineurs » et pénibles, seraient-ils infériorisés ?

Bien avant la révolution, la question avait été controversée dans les organisations syndicales. Toutes s'étaient, à maintes reprises, prononcé pour l'égalité des salaires, ce qui, à l'époque, exprimait qu'on ne concevait pas de distinction à établir selon tel ou tel travail. Cette manière de voir n'avait pu que se fortifier, — aussi, au congrès, n'y eut-il guère de défenseurs de la théorie d'inégalité.

Au contraire, la thèse qui se fit jour, — à titre d'argument, — était que les métiers « mineurs » auraient plus logiquement droit à un traitement de faveur, par cela seul qu'ils sont plus pénibles que les métiers « majeurs ».

Les délégués qui exposèrent cette opinion expliquaient que le médecin, l'ingénieur, le professeur, devaient se considérer comme « payés » largement par la joie de cultiver leur cerveau, la satisfaction d'orner leur esprit ; ils affirmaient que si certains avaient droit à une rétribution supplémentaire, ce ne pourrait être que les ouvriers trimant aux besognes écrasantes. Ils ne demandèrent pas que leur thèse soit prise en considération. Mais, ils insistèrent fortement sur l'urgence qu'il y avait à renoncer aux méthodes de production, usitées dans certaines usines de produits chimiques et autres, — méthodes nuisibles au plus haut degré à la santé des ouvriers. Ces survivances barbares il fallait les faire disparaître au plus vite ; il n'était pas compatible avec le nouvel état de choses que ces monstruosités se continuassent. Et ils concluaient : autant, il est nécessaire et indispensable que chacun fournisse un travail déterminé, autant il est inadmissible que ce travail s'effectue dans des conditions pernicieuses.

Cette question en entraînait une autre, d'importance primordiale ; il fut stipulé qu'aucune corporation, aucun service social, — autonome au point de vue de la gestion et du fonctionnement, — ne pourrait avoir une vie isolée, se constituer une comptabilité particulière, s'abstraire de la communauté. S'il en eut été autrement, si des groupes avaient pu, sous l'apparence de coopératives, se constituer des intérêts particuliers, hors de l'ensemble, c'eût été le germe de privilèges collectifs, de prérogatives de corporations, qui se fussent développés sur les ruines des privilèges individuels du Capitalisme.

Ce péril fut signalé, avec une abondance d'argumentation par nombre de délégués, — et ce dangereux écueil fut évité.

A cette décision était liée la solution de l'allègement du travail, de l'aménagement scientifique des usines.

Si le système d'organisation à base coopérative eut prévalu, le mercantilisme et la concurrence eussent persisté : des corporations plus riches auraient pu s'outiller mieux et l'intérêt de tous eut été subordonné à celui de quelques-uns.

Avec la solution qui fut adoptée, la concordance entre l'intérêt général et les intérêts particuliers était inéluctable et automatiquement obtenue : les corporations, les groupes de travail qui auraient besoin, soit d'outillage, soit de réfection de matériel, en aviseraient la fédération intéressée, ou plus simplement le groupe de production apte à accomplir la besogne désirée, et il y serait pourvu sans autre procédure. Il n'y aurait pas, en la circonstance, à établir une balance de « doit et avoir » entre le groupe demandeur et celui fournisseur ; l'outillage, le matériel, l'aménagement, n'étaient pas considérés comme un capital, — non plus comme représentatifs d'un capital, — mais simplement comme une richesse, mise en état d'accroître la richesse de tous : donc, de contribuer à augmenter le bien-être de chacun.

Pour que la mise en pratique suivit cette décision, il fut convenu que de larges enquêtes, rapidement menées, indiqueraient les travaux à effectuer pour la réfection des usines, manufactures et ateliers. Les stocks de machines et d'outillage, existant en magasin, permettaient déjà de faire face, en partie, à bien des nécessités. Puis, les constructeurs ne manquaient pas : à la fabrication du gros matériel de guerre et de marine, suspendue déjà, on substituerait la fabrication de l'outillage utile. En outre, pour faire mieux et vite, on convint d'en appeler aux conseils des savants, des ingénieurs, des praticiens, des professionnels, — au bon vouloir des hommes énergiques, jeunes ou vieux.

Le problème de la rémunération et de la répartition était étroitement soudé au précédent. D'ailleurs, à bien considérer les données du problème social, toutes les questions s'encastraient les unes dans les autres ; toutes étaient liées entre elles, en rapports tellement étroits, tellement dépendants, qu'il fallait apporter à toutes une solution découlant d'un même principe.

Dans quelles proportions serait établie la part de consommation des uns et des autres ? Comment chacun serait-il admis, et traité au banquet social ?

C'était le point d'interrogation redoutable !

Sur ce sujet, les discussions furent longues, passionnément approfondies. Les solutions entrevues et prônées, tenaient au cœur des délégués et chacun exposait et défendait sa thèse avec une conviction vive et ardente. Tous sentaient qu'il ne s'agissait pas d'entraîner une majorité, de la subjuguer grâce à une rhétorique subtile, à des procédés oratoires, — mais, de dégager un mode de relations et de rapports (de producteurs à consommateurs) qui, malgré des défectuosités inévitables, et quoique ne répondant pas pleinement à l'idéal de chacun, serait pourtant accepté par tous comme une solution d'autant plus raisonnable qu'elle ne barrerait pas l'avenir.

Deux tendances se firent jour : l'une, celle des

communistes purs, qui préconisaient la liberté complète de consommation, sans restriction aucune ; l'autre, qui, tout en s'inspirant des prémisses communistes, trouvait leur stricte application prématurée, et prônait une solution mitigée.

Cette dernière prédomina. Il fut donc stipulé ce qui suit :

Tout être humain, quelle que soit sa fonction sociale, (accomplie par lui dans les limites d'âge et de temps indiquées plus haut) aurait droit à une rémunération égale dont il serait fait deux parts : l'une pour la satisfaction des besoins ordinaires ; l'autre pour celle des besoins de luxe. Cette rémunération serait constituée, pour la première, par la carte permanente de syndiqué ; pour la seconde, par un carnet de « bons » de consommation.

La première catégorie comprendrait toutes les denrées, tous les produits d'alimentation, d'habillement, tout ce qui serait en abondance suffisante pour que la consommation n'en soit pas restreinte ; chacun aurait droit de puiser suivant ses besoins dans le fonds commun, sans autre formalité que d'avoir à présenter sa carte, dans les magasins et dépôts, aux préposés à la répartition.

Dans la seconde catégorie seraient classés les produits d'ordres divers qui, se trouvant en trop petite quantité pour qu'ils puissent être mis à la disposition gratuite de tous, conserveraient une valeur d'achat, susceptible de varier selon le plus ou moins de rareté et la plus ou moins grande demande. Le prix de ces produits se calculerait suivant l'ancien procédé monétaire et la quantité de travail nécessaire à les produire serait un des éléments de la fixation de leur valeur ; ils seraient délivrés contre des « bons de consommation », dont le mécanisme d'emploi rappellerait le chèque.

Seulement, il fut convenu qu'au fur et à mesure que les produits de cette deuxième catégorie deviendraient assez abondants pour atteindre le niveau de la consommation libre, ils entreraient dans la première et, cessant d'être considérés comme objets de luxe, ils seraient, sans rationnement, mis à la disposition de tous.

Par cette stipulation, automatiquement, la société allait se rapprocher de plus en plus du communisme pur.

Le Congrès ne vit pas d'inconvénient à conserver pour les produits de luxe, le mode de fixation de la valeur, transmis par la société capitaliste : il considéra que, prendre pour étalon de la valeur l'heure du travail, au lieu du gramme d'or, serait se payer de mots. Certes, grands avaient été les malheurs engendrés par la royauté de l'or, par sa monopolisation ; mais, ce métal, désormais détrôné, réduit à n'être plus qu'une simple marchandise, était privé de son poison ; il n'avait plus aucun pouvoir d'absorption, ni d'exploitation, — par conséquent son utilisation ne présentait plus de dangers.

C'est pourquoi on ne redouta pas de laisser aux monnaies encore en cours leur puissance d'achat. D'ailleurs, les circonstances y obligeaient, au moins durant la période transitoire. Mais, il fut stipulé que, rentrées aux caisses sociales, ces monnaies n'en devaient sortir que dans des cas exceptionnels, —

soit pour se procurer à l'étranger les produits exotiques, soit pour acheter aux réfractaires qui n'acquiesçaient pas encore au nouveau pacte social.

Force était, en effet, qu'on le voulût ou non, de tenir compte des réfractaires, — ne fût-ce que pour les gagner par la persuasion.

A l'égard de ceux qui, dans les milieux en plein travail de transformation, s'obstinaient, par étroitesse d'esprit ou crainte de perdre au change, à vivre la vie ancienne, aucune mesure autre que le boycottage ne fut décidée. Ils voulaient rester à l'écart, — on les y laisserait ! Ils allaient se trouver tellement infériorisés que leur situation serait intenable ; ils ne pourraient, par leur travail isolé, concurrencer les productions sociales et, s'ils voulaient commercer, ils n'auraient que maigre clientèle... Et le jour où ils viendraient à résipiscence, ce qui ne tarderait guère, on les accueillerait sans rancune.

Une attitude moins expectative, moins indifférente, fut arrêtée à l'égard des populations tardigrades de certaines régions, — principalement paysannes, — qui étaient restées en dehors du mouvement. C'était, surtout, les masses rurales, encore ombrageuses, qu'il s'agissait de convaincre. Il fut donc jeté les bases d'une vaste campagne de propagande, méthodiquement conduite, à laquelle participeraient des délégués urbains et paysans : ils iraient de concert dans ces parages, expliqueraient le mécanisme de la société nouvelle, en démontreraient les avantages et la supériorité.

Une autre catégorie de réfractaires était celle des anciens privilégiés. Ils n'avaient pas tous émigré, —

ce qui eut simplifié le problème ! Certains, prenant leur parti des événements, s'étaient mis au travail, s'adaptaient et s'assimilaient. Il n'y avait donc qu'à les traiter en camarades. Restaient les autres ! Ceux qui ne s'étaient pas amendés et qui, provisoirement, vivaient en marge de la société, prolongeant leur parasitisme ancien. Quelle attitude aurait-on envers eux ? Continuerait-on à les entretenir à rien faire ? C'était inadmissible et nul n'y songeait. Il fut décidé de les mettre en demeure de choisir une profession et, au cas où ils s'y refuseraient, ils seraient invités à émigrer ; s'ils n'y consentaient de bon gré, ils seraient assimilés aux « apaches » et traités comme tels.

Oh ! il ne s'agissait pas de reconstruire les prisons et de rétablir, à leur intention, un système répressif aboli. Non pas ! On se bornerait à débarrasser le territoire de leur encombrante et pernicieuse présence : on les transporterait, nantis d'un peu d'or, au pays qui leur agréerait. Par conséquent, contre eux, nulle violence. Puisqu'ils se refusaient au pacte social, puisqu'ils n'étaient pas de caractère à vivre autrement qu'en parasites, le divorce s'imposait.

Afin de ne pas s'exposer mutuellement aux querelles pouvant découler de là rupture, on prendrait à leur égard la précaution la moins brutale : le bannissement.

Il serait oiseux de suivre pas à pas le Congrès, de relater et d'énumérer le menu de sa besogne et de ses décisions. Nous avons voulu, en signalant quelques-unes de celles-ci, dégager les grandes lignes de son action, montrer que ses résolutions furent toujours inspirées par un sentiment très vif de la solidarité humaine, par un large esprit communiste.

Ajoutons qu'aucune note discordante ne vint troubler la cordialité ambiante. Certes, il y eut des discussions vives, le diapason des voix monta haut ; mais, à aucun moment le ton ne devint acrimonieux et on put constater combien factices étaient les dissidences qui, sous le règne de la bourgeoisie, avaient agité la Confédération et mis aux prises réformistes et révolutionnaires. Au feu de la bataille, les querelles s'étaient apaisées : la réconciliation s'était opérée sur les ruines du capitalisme.

Une fois le Congrès terminé, le Comité Confédéral, constitué par les délégués des fédérations corporatives et des Bourses du travail, entra en fonctions. Sa besogne fut, non de direction, mais de condensation et d'analyse : il concentrait les statistiques sur l'étiage de la production et de la consommation et servait de trait d'union entre tous les groupements. Il fut comme le centre d'un vaste réseau téléphonique auquel aboutissaient et d'où partaient les renseignements, permettant de régulariser le fonctionnement social, de maintenir partout l'équilibre, afin qu'il n'y ait pas pléthore sur un point, tandis qu'il y aurait disette dans un autre.

CHAPITRE XIX

La Terre aux paysans

Dans les campagnes, la prise de possession se continuait et s'accentuait. Elle s'étendait épidémiquement, gagnant de village en village, mais, elle ne s'effectuait pas sur un mode uniforme, ni d'après un plan préconçu.

Cependant, l'orientation se faisait vers la solution communiste. Les paysans s'y ralliaient par instinct, — plus que par raisonnement. Ils étaient entraînés dans cette voie par les sentiments d'entente et de solidarité, survivance des anciennes pratiques communistes que, malgré ses efforts séculaires, l'Etat n'avait pu parvenir à extirper ; et aussi par le courant d'aspirations sociales dont les campagnes avaient été de plus en plus saturées.

On revit, du Nord au Midi, les journées d'unanime révolte qui, en 1907, avaient secoué le Midi viticole. Comme à cette époque, la dominante du

mouvement fut l'exécration de l'Etat. Cette fois
encore, le cri de ralliement fut : « Plus de politique ! » Et, dans maint village où tous les paysans
marchaient d'un même élan, si on leur eut demandé
« Qui êtes-vous ? » ils eussent répondu, comme
répondirent, en 1907, les viticulteurs d'un village
soulevé : « Nous sommes ceux qui aiment la République, ceux qui la détestent et ceux qui s'en
foutent ! »

C'est que la haine de l'Etat était, depuis longtemps, — depuis toujours ! — forte et vivace dans
les campagnes. On l'y exécrait autant que l'acca-
pareur de la terre. Haine légitime ! N'était-ce pas
l'Etat qui, — monarchique ou démocratique, — avait
légalisé le vol de la terre au paysan, pour la donner
au seigneur, au bourgeois ? Sans remonter au delà
du règne de Louis XIV, n'est-ce pas l'édit de ce
monarque, rendu en 1669, qui permit aux seigneurs
de s'approprier sans vergogne la majeure partie des
biens communaux ? Et, depuis lors, que firent tous
les gouvernements qui suivirent ?

Rien autre que sanctionner cette spoliation, la
rendre plus complète.

Les paysans avaient souvenance ! Aussi, dans leur
révolte, étaient-ils animés d'un double sentiment :
amour de la Terre ! haine de l'Etat !

C'est pourquoi dès la période révolutionnaire
ouverte, malgré quelque hésitation, ils se rallièrent
à la forme de groupement qui répondait le mieux
à leurs désir : le syndicat !

Le syndicat se substitua à l'ancienne municipalité
et, pour la solution de toutes les questions, il en

appela aux assemblées de villages qui, remises en vigueur, ramenèrent le paysan à la vie sociale, dont l'avaient déshabitué l'isolement économique et la déviation politique que le régime capitaliste lui avait imposé.

Nous avons dit, plus haut, comment une vague de panique et de colère avait secoué la torpeur de la paysannerie et l'avait incité à s'armer. Ce qui avait accru la gravité de ce soulèvement et l'avait fait si promptement évoluer, c'est que, à l'action des syndicats de la Confédération du travail, s'était ajoutée l'action des milliers de syndicats agricoles qui, par leur contexture et leur composition, ne semblaient pas être des éléments subversifs.

Dans ces syndicats, créés depuis longtemps, voisinaient désagréablement petits et grands propriétaires terriens. Ces derniers avaient d'abord choyé ces groupements, avec l'arrière-pensée de s'en servir comme d'outils électoraux. Mais, peu à peu, un esprit nouveau avait pénétré ces organismes : l'influence des petits propriétaires y était devenue prépondérante et un syndicalisme paysan, un peu spécial, y avait germé et les avait vivifiés.

Les œuvres de coopération et de mutualité avaient été, primitivement, la seule raison d'être de ces groupements. Peu à peu, leur horizon s'était élargi et ils avaient entrevu un idéal de réorganisation sociale, à base coopérative, qui, outre la libération du joug de l'Etat leur permettrait une culture du sol plus rationnelle.

Quand survint la crise révolutionnaire, ces syndicats, — d'abord méfiants et hostiles, — avaient été entraînés par le mouvement. Et comme, en temps de révolution, on brûle vite les étapes, — ils les brûlèrent !... et ils eurent bientôt rejoint les syndicats confédérés.

Le grave problème, pour les paysans, était celui des propriétés. Comment allaient-ils le résoudre ? La rigide solution communiste concluait à la mise en commun de toutes les parcelles et à l'exploitation sociale de l'ensemble. Mais si, dans les agglomérations où dominait la grande culture, cette solution pouvait être assez facilement admise, par contre, elle répugnait de prime abord dans les pays de petite culture.

Ce ne fut donc pas spontanément, du premier jet, que les paysans se mirent d'accord sur la transformation du régime de la production agricole. Ils y préludèrent par des mesures qui ne rencontraient pas d'opposition, que tous, quels qu'ils fussent, approuvaient : ils libérèrent la terre des charges qui pesaient sur elle et l'accablaient, — ils supprimèrent la rente, l'hypothèque. Après cette préliminaire entente, les paysans, suivant la forme de culture du sol sur lequel ils végétaient, — et aussi, suivant leur propre degré d'évolution, — décidèrent pour la mise en valeur des terres arrachées aux riches.

Si, de but en blanc, il avait été proposé aux petits propriétaires d'abattre haies et clôtures et de réunir leurs terres, la plupart s'y fussent refusés, — malgré qu'avec la culture parcellaire leur labeur fût dur et écrasant. Ils n'eurent pas, dans les premiers moments, à se prononcer sur ce point.

Toutes les terres cultivées directement par leurs détenteurs furent laissées hors de la revision qui s'accomplit par les soins du syndicat. On poussa même le scrupule jusqu'à laisser individualisées de moyennes propriétés, que leurs tenants continuèrent à cultiver seuls, ou familialement, sans main-d'œuvre mercenaire.

La revision ne porta que sur les propriétés mises en valeur par des salariés. Toutes celles-ci furent proclamées propriété commune et le syndicat en eut la gérance. Encore, en bien des cas, y eut-il des accommodements suivant la région, — et suivant qu'on se trouvait en présence de petits fermiers, de métayers, cultivant familialement. Il advint alors qu'on soumit ces terres au régime des biens communaux, qui dans certaines contrées avaient survécu aux pilleries des anciens régimes ; ces biens, distribués en usufruit, faisaient retour à la commune, au décès du détenteur ou à son départ du village.

Quant aux grandes fermes, aux grands domaines, aux vastes exploitations, — qui n'étaient guère que des usines agricoles, — la prise de possession s'en opéra sans la moindre réticence. Il y eut bien quelques tiraillements, de la part des régisseurs et des fermiers, qui trouvaient désagréable d'être réduits au niveau commun ; cependant, ceux qui s'entêtèrent à épouser la cause de leurs propriétaires furent rares ; la plupart acceptèrent de prendre place dans la jeune communauté où ils furent appelés à remplir des fonctions en rapport avec leurs aptitudes.

Les syndicats ne bornèrent pas leur activité à modifier le système propriétaire ; simultanément, ils s'employèrent à améliorer la situation des parias de la terre, les salariés d'hier. Il fallait que, de suite, ceux-ci trouvent la vie meilleure ; il fallait souder leur sort à celui de la révolution, afin qu'ils en soient les acharnés défenseurs. Ce soin incombait aux syndiqués conscients, car trop d'entre ces serfs modernes, frustes et incultes, n'eussent osé. Il n'était plus admissible que ceux-ci soient réduits à l'existence animale qui avait été la leur jusque-là, — existence comparable à celle des bêtes de labour, avec cette différence qu'on n'avait pas pour eux les soins dont on entourait les animaux, ceux-ci ayant une valeur marchande que n'avaient pas les domestiques. Les garçons de ferme, les bouviers, les bergers, rentrant après leur journée de travail, moulus, harrassés, n'avaient d'autre couchette qu'un bottillon de paille, dans les écuries, les étables, les greniers.

On remédia à cela. Il fut avisé à ce que chacun ait un chez-soi, — au moins une chambre et un lit ! Il y eut, — pour cette chose qui semble si naturelle et si simple, — des difficultés matérielles auxquelles on para au mieux. Pour ce faire, on mit à contribution l'ameublement des habitations bourgeoises et des châteaux : le superflu qu'on y trouva servit à nantir du nécessaire ceux qui en avaient été si longtemps privés.

Les prolétaires de la glèbe furent donc élevés à une aisance adéquate au milieu. Ce ne fut au détriment de personne.

Les anciens fermiers, les chargés d'affaires des grands propriétaires, de même que les maîtres d'hier qui vivaient du travail des valets, — quand ils consentirent à la vie nouvelle, — ne souffrirent pas d'une diminution de leurs aises ; ils ne trouvèrent de changement qu'en ce qu'ils n'eurent plus l'orgueil de commander, qu'ils furent privés de domesticité et durent mettre la main à la besogne.

Le travail était d'ailleurs moins rude, moins âpre, mieux compris et considérablement allégé. Au lieu des interminables journées d'antan, qui, en bien des régions, commençaient à l'aube pour ne finir qu'à la tombée de la nuit, on réduisit la durée moyenne du travail à huit heures.

Cette fixation n'eut pas la rigidité possible dans l'industrie, et si difficile à la campagne où les travaux sont subordonnés aux conditions climatériques. En des cas pressants, — sous la crainte d'un orage ou pour autre cause urgente, — on trima d'arrache-pied, sans compter les heures. Nul ne renâclait ! Chacun marchait avec entrain, sans bouder à la peine, oubliant la fatigue, — on travaillait pour soi et non pour un maître !

La possibilité de réduire considérablement la durée du travail fut facilitée par l'exode des villes vers la campagne. Le « retour aux champs », en vain prêché par tant d'économistes, s'opéra spontanément — dès la révolution accomplie. Nombre de déracinés qu'avaient entraîné l'attirance de la vie factice des villes, le leurre d'une fortune rapide, et surtout le dégoût d'un travail morne et sans trêve, pour une rémunération ridiculement insuffisante, revinrent au village, quand s'y offrit la possibilité d'une existence assurée et saine. Ils y reçurent joyeux accueil. La bonne mère nourricière, la terre, ne demandait qu'à être fécondée. Elle s'offrait partout ! La période d'accaparement et de misère était finie. Plus on serait à la travailler, plus grasses seraient les récoltes, — et plus grand serait pour chacun le bien-être ! Aussi, les nouveaux débarqués étaient accueillis comme des enfants prodigues, avec la plus grande cordialité, et il leur était amicalement fait place dans les groupements de production.

Désormais, l'affluence des bras n'était nulle part une charge. Au contraire ! Aussi bien à la campagne qu'à la ville, partout, elle était un allègement commun et entraînait un accroissement de richesses pour tous.

A cette abondance de main-d'œuvre, un autre agent d'intensification de la puissance productrice du sol ajouta ses effets : l'outillage mécanique, de plus en plus perfectionné, ainsi que les engrais chimiques, expédiés en abondance des centres industriels, permirent d'obtenir un rendement meilleur et d'effectuer de grands travaux d'aménagement auxquels, par manque de capitaux, on ne pouvait songer autrefois.

L'exemple de cette exploitation en commun, dressée en antithèse convaincante, en face de la culture parcellaire du petit propriétaire, qui, malgré un labeur pénible, n'obtenait qu'un rendement médiocre, fit plus, pour lui démontrer la supériorité de l'association, qu'une argumentation serrée et solide.

Le paysan aimait sa terre d'un amour profond, violent. Il l'aimait pour elle-même, — et parce qu'elle lui assurait liberté et indépendance. Or, il avait redouté qu'en s'associant avec ses voisins, en joignant ses lopins aux leurs, sa liberté et son indépendance en soient diminués. L'expérience lui prouvait combien ses craintes étaient illusoires : il voyait que, grâce à la culture en commun, avec économie d'outillage, économie de travail, s'obtenaient de meilleures récoltes. La coordination des efforts et la division du travail permettaient de faire sur un point, et en une fois, des besognes qui, dans le village morcelé, se faisaient isolément et se répétaient autant de fois qu'il y avait de petits cultivateurs.

Les bêtes de trait, réunies dans des écuries saines, étaient soignées plus commodément ; de même les troupeaux. Chacun n'allait plus à son lopin, avec sa charrue, son chariot plus ou moins pratiques ; au lieu de l'éparpillement, des pertes de temps, des corvées inutiles, il y avait entente, symétrie, et la déperdition des forces était réduite au minimum.

Cette transformation de la mentalité paysanne avait été préparée par les coopératives de vente des produits agricoles, par les associations pour l'achat des semences, des engrais, des machines, qui, sous les auspices des syndicats, s'étaient considérablement développées, dans la dernière période capitaliste. Ces groupements, qui n'avaient eu, à l'origine, qu'un objectif immédiat et restreint, — éliminer l'intermédiaire, le spéculateur, — avaient préparé la voie à une organisation supérieure.

Les paysans, tout d'abord, s'y étaient affiliés, pour acquérir à prix moindre les engrais, les semences, l'outillage ; puis, ils avaient trouvé profit à acheter des machines, — communes aux associés et utilisées par eux à tour de rôle, — ainsi qu'à créer des boulangeries et des moulins coopératifs. D'autres s'étaient groupés pour constituer des caves communes, des laiteries, des fromageries, n'ayant, eux aussi, que la préoccupation de se libérer du joug de l'acheteur, qui les étranglait. Grâce à l'entraînement, peu à peu, ils avaient apprécié les bienfaits de l'entraide et s'étaient familiarisés avec l'idée de la culture en commun.

Ces coopératives avaient noué des relations avec les populations ouvrières ; elles avaient trouvé de précieux débouchés dans les coopératives de consommation des cités industrielles ; à ces contacts, ruraux et prolétaires avaient appris à mieux se connaître, à s'apprécier mutuellement.

Ainsi, diverses étaient les causes qui contribuaient à entraîner les paysans vers les réalisations sociales. Mais, pour que levassent ces germes communistes, il avait fallu le souffle chaud et ardent de la révolution. Sans elle, les aspirations qu'un œil exercé découvrait depuis longtemps, dans les villages gagnés à la coopération, et qui faisaient présager belle floraison, seraient restées indéfiniment à l'état latent.

Dans les villages où s'activa la réalisation communiste, la coopération fut doublement utile ; elle fut la base sur laquelle les paysans édifièrent l'organisation de la communauté rurale et, d'autre part, elle facilita considérablement l'œuvre d'accord entre les villes et les campagnes pour le service d'échange.

Le syndicat centralisa toutes les opérations d'échange et se substitua aux petits débitants, pour qui le commerce n'avait été souvent qu'une ressource d'appoint. Il fut le dépôt de tous les produits industriels et manufacturés, le magasin d'approvisionnement général et il fut d'autant mieux à même de satisfaire à toutes les demandes que, relié téléphoniquement avec les entrepôts généraux, il pouvait, sans retard, faire face aux besoins les plus divers.

La communisation ne se limita pas au commerce : la meunerie, la boulangerie devinrent des services communaux et ce fut, sous un mode perfectionné, la résurrection du moulin banal et du four banal des vieux âges. De même, l'artisannerie du village, — cordonnerie, serrurerie, charronnage, — fut élevée au rang de services communaux.

Le village devenait, dans son organisation interne, une sorte de grande famille où les groupes familiaux conservaient cependant la liberté d'action et de consommation. Quant aux relations qu'il entretenait avec le dehors, elles s'effectuaient suivant les principes confédéraux : le village expédiait aux groupements urbains le surplus de sa production, le dirigeant sur les points qui lui étaient indiqués. Se tenant en relations constantes avec la Bourse du travail du centre le plus rapproché et aussi avec sa fédération terrienne, il était au courant des demandes et, suivant la nature de son sol, il accentuait telle culture ou tel élevage, intensifiant l'un ou l'autre d'après les besoins et les données des statistiques.

En échange de ses récoltes, le village recevait la quantité d'outillage, de machinisme agricole, d'engrais chimiques, qui étaient nécessaires pour le bon rendement de ses terres. Il recevait aussi, en quantité suffisante pour répondre aux besoins de la communauté, les produits manufacturés de première nécessité, qui étaient mis gratuitement à la disposition de tous.

Outre cela, chacun des villageois avait droit à sa part de consommation de luxe, — tout comme les associés des centres urbains. Cette consommation, l'ayant-droit pouvait l'effectuer sur place, en faisant venir, par l'entremise du syndicat, — ou même directement, — des entrepôts spéciaux, les objets de luxe (ou ceux dont la consommation était réglementée) jusqu'au maximum de son pouvoir d'achat. Ce n'était, naturellement, pas d'obligation formelle ; il pouvait se rendre aux centres où il lui agréait et s'y procurer les produits rares ou de luxe qu'il désirait, en échange de ses « bons de consommation », ou même d'ancienne monnaie.

Dans les villages où les principes de la Confédération n'étaient pas encore acceptés, et où, par conséquent, la réalisation communiste n'était pas accomplie, les échanges s'effectuaient selon les vieilles pratiques commerciales. Les paysans isolés, ou leurs coopératives de vente, achetaient et vendaient à leur gré. Les produits dont ils disposaient étaient dirigés sur les entrepôts des villes et ils leur étaient payés en vieille monnaie ; réciproquement, comme ils ne pouvaient se réclamer de leur qualité de confédérés, ils n'avaient pas droit à la gratuité et ils devaient s'approvisionner, aussi bien d'objets de consommation que de machines agricoles, d'outils, d'engrais, moyennant finances.

Cette survivance de l'ancien régime était battue en brèche par les délégués envoyés des villes pour établir et assurer le ravitaillement en produits agricoles et bétail, ainsi que par les propagandistes confédéraux, — qui, pour la plupart, étaient eux-mêmes paysans. Les uns et les autres montraient et prouvaient les avantages que les cultivateurs avaient à retirer de leur adhésion complète aux principes confédéraux, — autant pour l'allègement de leur travail que pour l'accroissement d'aisance dont ils bénéficieraient ; ils dressaient un parallèle entre la méthode d'échange commercial qui ne leur permettait d'obtenir rien que contre argent et la méthode confédérale qui mettait gratuitement à leur disposition l'outillage le plus perfectionné et assurait la satisfaction de leurs besoins ; ils leur expliquaient que lorsque, dans la commune, ils voudraient entreprendre de grands travaux, de grandes constructions, aménager sainement leurs logis, si la main-d'œuvre leur manquait, ils n'auraient qu'à faire appel à des volontaires, qui viendraient de la ville, en nombre suffisant, les aider dans leurs besognes.

Cette propagande qui, si elle n'eût été que théorique, n'eût pas été convaincante, le devenait, grâce au prestige de l'exemple : les résultats déjà obtenus dans les villages proches parlaient plus haut que toute argumentation. Aussi, dans les régions où la révolution s'était d'abord limitée à la mainmise sur les domaines des riches, la communisation s'étendait, y créant l'abondance et le bien-être.

CHAPITRE XX

L'armement du peuple

L'œuvre de réorganisation n'avait pas fait négliger une besogne contraire, mais indispensable : l'anéantissement des institutions de violence et de coercition qui avaient assuré la puissance et la durée du capitalisme. Les révolutionnaires parisiens s'en occupèrent sans désemparer : en prélude, ils dispersèrent le personnel qui vivait de ces institutions ou gravitait autour.

Ils firent plus. Par excès de prudence, — afin de paralyser, par les difficultés de concentration, toute tentative offensive de la Bourgeoisie, — afin de mieux déraciner les institutions du passé, ils anéantirent les monuments qui leur avaient donné asile, avaient été leur symbole.

La préfecture de police avait été un des premiers repaires gouvernementaux occupés, — et un des premiers elle fut rasée. Le palais de justice eut le même sort, avec les deux prisons qu'il encerclait, — le Dépôt et la Conciergerie.

Les policiers, les sergents de ville furent introuvables. La chasse qui leur avait été faite, au cours de la grève générale, dans les quartiers qu'ils habitaient, leur avait été un avertissement des dangers courus. Aussi, dès qu'ils constatèrent que le triomphe du peuple n'était plus qu'une question d'heures, ils disparurent, s'enfuirent.

Au palais de justice, on trouva du monde. Il y fourmillait et baguenaudait une population d'avocats, d'hommes de lois, d'employés du parquet, de gens louches, qui, se rendant piétrement compte de la portée qu'allait avoir la transformation en passe de s'accomplir, supposaient pouvoir continuer leurs opérations et vivre encore aux dépens du commun. Leurs illusions furent déçues. Tous ces personnages furent avisés que leurs fonctions n'auraient plus de raison d'être, que c'en était fini de tous les parasitismes et qu'il leur faudrait opter pour une profession ou un métier utile. Il leur fut conseillé de prendre les devants et de s'affilier au syndicat de la profession pour laquelle ils avaient un penchant, ou qui correspondrait mieux à leurs goûts.

On se porta aux prisons. Elles furent vidées de tous leurs prisonniers politiques, — de même que des prisonniers de droit commun. Seulement, pour ceux-ci, on procéda à quelques formalités préalables.

Une commission confédérale eut charge de s'aboucher avec les spécialistes les plus réputés par leur savoir et leur intégrité ; ils eurent mission d'examiner ceux d'entre les prisonniers qui, vu leurs tares physiologiques, étaient des malades à soigner, dont la libération brusque eut constitué un danger et qu'on transféra dans des maisons de santé.

Ensuite, les délégués confédéraux réunirent les détenus, — y compris leurs gardiens. Aux uns et aux autres, ils exposèrent les conditions de la vie nouvelle ; ils leur expliquèrent que la révolution était faite pour supprimer les fainéants, les parasites, les voleurs et les criminels de tout ordre et que, par conséquent, désormais, le travail de tous était nécessaire et qu'aucun valide ne devait s'y soustraire. Puis, s'adressant indistinctement aux gardiens et aux prisonniers, ils ajoutèrent :

« A vous de décider si vous vous sentez capables de vous adapter à ce milieu, de vous régénérer ? Si oui, vous ferez choix d'une profession ou d'un métier et vous serez acceptés dans son syndicat. Là, vous ne trouverez que des camarades ; ils vous traiteront en amis et ils ignoreront, — ou oublieront, — l'homme que vous avez été... Au cas où cette existence de labeur sain, base de bien-être, ne vous séduirait pas, libre à vous de refuser le contrat social que nous vous proposons. En ce cas, vous serez bannis du territoire et dirigés sur la contrée que vous désignerez. Mais, afin que, dès votre arrivée, vous ne soyez pas pris au dépourvu, nous vous nantirons d'un léger pécule... »

Ces paroles, retentissant entre les murs épais, derrière les barreaux et sous le jour terne des prisons ; dans l'atmosphère moite des geôles, toute de crasse et de relents humains ; là, où avaient crevé et agonisé tant de douleurs ; s'adressant aux prisonniers et aux gardiens, qui les écoutaient sur pied d'égalité ;... ces paroles proclamèrent toute l'étendue du bouleversement social, — et elles émurent et convainquirent leurs auditeurs.

Les gardiens furent heureux d'abandonner une profession pour laquelle ils n'avaient que rancœurs, et qu'ils subissaient par besoin ; quant aux prisonniers, la franchise et la sincérité du langage qui leur était tenu, — qui les changeait de l'hypocrisie dont on usait à leur égard, — les impressionna, et la plupart acquiescèrent au contrat qui leur était offert.

La démolition des prisons et des tribunaux et la dispersion dans les groupements de production des parasites qui avaient vécu du dol, du vol, du crime, — soit directement, en y participant, soit indirectement, sous prétexte de répression et en qualité de policiers, de juges, de geôliers, — n'eurent pas pour résultat de mettre la société à la merci du brigandage et de la fainéantise.

Dorénavant, les actes antihumains relevaient du groupement de travail ou du syndicat auquel étaient affiliés leurs auteurs.

Chacun était donc « jugé par ses pairs », — pour employer l'expression ancienne. Mais, ou bien le « coupable » était reconnu malade et il recevait les soins que nécessitait son état ; ou bien, il était prononcé à son égard un verdict qui, au lieu de peine corporelle, entraînait simplement un châtiment moral, sous forme de boycottage, de mépris. Cette quarantaine était suspendue, dès qu'on jugeait amendé celui qui y était soumis.

Dans des cas excessivement rares, le bannissement fut appliqué, par décision de l'assemblée générale du syndicat, dont il pouvait être fait appel à la fédération corporative, et voire au Comité Confédéral. Mais on n'eut besoin de recourir qu'exceptionnellement à cette mesure. Le plus souvent, le boycottage suffisait à amender les délinquants.

Pour accepter d'être mis ainsi au ban général, il faut être rudement trempé et être soutenu par une grande et généreuse idée, — c'était le cas, autrefois, des révolutionnaires qui, forts de leurs idées subversives, affrontaient l'opinion publique et se moquaient de la réprobation moutonnière et unanime qui s'attachait à eux ; ou bien, il faut se savoir approuvé et encouragé dans un certain milieu, — c'était le cas des criminels de droit commun qui, pour le monde des prisons, étaient des héros.

Or, comme il fallait, maintenant, davantage d'énergie pour affronter la réprobation générale que pour se plier aux conditions de travail exigées, — et comme il n'y avait plus de population interlope pour admirer les « apaches », plus de presse pour exalter leurs exploits, ces tristes spécimens disparurent.

Le régime de pestiféré auquel les coupables étaient astreints était si pesant, si pénible, que les méfaits devinrent de plus en plus rares. Ce frein moral fut plus efficace que ne l'avaient été les pénalités de la société bourgeoise : par cette méthode, on obtint un résultat auquel le recours à l'emprisonnement et aux supplices n'avait pu aboutir, — on endigua, dans une proportion considérable, les actes antihumains.

Ceux-ci, au surplus, se trouvèrent diminués automatiquement d'abord, dans la proportion de cinquante pour cent, parce qu'il n'y eut plus de crimes et délits occasionnés par la misère, l'inégalité, les malfaisances du capitalisme. En outre, les méfaits qui étaient la conséquence de tares physiologiques, de dégénérescence, de maladies mentales, eurent tendance à disparaître, sous l'influence du milieu. Il ne subsista donc que les crimes passionnels et ceux dûs à des causes accidentelles, — pour lesquels, déjà, dans la société bourgeoise, il y avait toujours excuses, circonstances atténuantes, sinon acquittement.

Certes, il advint quelquefois que, sous le coup de l'indignation, les témoins d'une violence odieuse se laissèrent entraîner à des actes de justice sommaire. Ainsi, des souilleurs d'enfants, des violeurs de femmes, pris sur le fait, furent exécutés sans pitié.

Ces soudaines violences, pour impitoyables, brutales et sanguinaires qu'elles parussent, étaient saines et fécondes. Elles donnaient la sécurité à tous les faibles ! Les bêtes mauvaises, qui avaient le malheur de traîner en elles les sauvageries ancestrales, étaient, autant qu'il se pouvait, mises en garde contre leurs instincts pervers, par la menace suspendue sur leurs têtes. Si ces monstres ne pouvaient se contenir, tant pis pour eux ! Ils ne réitéreraient pas deux fois leur acte...

Pour cruel et inexorable que fût ce système d'immédiate répression, il était moins répugnant que la procédure ancienne, avec son attirail judiciaire, — et il avait l'excuse d'une légitime colère, que n'avait pas le magistrat opérant à froid.

En même temps que se poursuivait la destruction des prisons, celle des casernes et celle des forts encerclant Paris n'était pas oubliée.

L'armée fut dissoute. Les soldats de toute catégorie furent renvoyés dans leurs foyers. Déjà, bon nombre avaient pris les devants et, de leur propre initiative, ils s'étaient licenciés. Surtout, il fut veillé avec soin au désarmement des corps qualifiés d'élite, où s'était maintenu un esprit d'aristocratie.

Ces mesures de prudence furent complétées par le licenciement des écoles militaires.

Quant aux casernes, on les jeta bas sans hésitations. Elles avaient trop longtemps menacé Paris pour qu'on se fît un scrupule de leur démolition, sous le spécieux prétexte qu'elles eussent pu être transformées en maisons d'habitations. La fureur du peuple se déchaîna contre elles avec frénésie et ce fut avec enthousiasme que des équipes de démolisseurs se constituèrent et manœuvrèrent pics et pioches pour les raser.

Les forts eurent le même sort. On mit à les démanteler d'autant plus d'empressement qu'ils étaient une constante menace pour Paris, au cas d'une tentative réacteuse. En effet, ils avaient été construits et aménagés plus avec l'arrière-pensée de les utiliser à maîtriser et bombarder la grande ville qu'avec la préoccupation de la défendre contre une attaque extérieure. Et si le gouvernement n'avait pas eu recours à leurs canons, c'est que la révolution avait eu un déroulement imprévu, rapide, qui l'avait mis dans l'incapacité d'user de tous ses moyens de défense. Il lui était advenu ce qui, au cours des révolutions antérieures, avait perdu des gouvernements qui, la veille de leur chute, semblaient inébranlables, — il avait été sidéré par l'ampleur de l'insurrection, par son offensive vigoureuse.

La démolition des forts eut davantage le caractère de fêtes champêtres que d'expéditions révolutionnaires. On alla à leur démantèlement en bandes joyeuses ; on festoyait gaîment sur les glacis, chantant, farandolant et trinquant avec bonne humeur. On préluda par l'allégresse au nivellement des fossés, au défoncement des casemates, à l'enclouage des canons, à la destruction des munitions.

On n'eut de respect que pour les fusils et les armes de facile maniement, qu'on déménagea en cortèges triomphaux et qu'on transporta à la Bourse du travail.

C'était de bonne et judicieuse tactique. C'était la preuve qu'ayant été capable de vaincre, le peuple allait être apte à défendre sa victoire, puisque, autant il tenait pour indispensable d'anéantir tout ce qui était armement offensif et moyens d'attaque, autant il appréciait l'avantage de se conserver des armes défensives. Il se souvenait combien il avait souffert du manque de fusils ! Il avait la mémoire des déceptions éprouvées, lorsque les occasions de se libérer s'offrirent à lui et qu'il ne put en profiter, faute d'armes ! Aussi, il ne dédaignait pas de s'armer, — malgré que son triomphe en rendît problématique le besoin.

Le peuple avait toujours abhorré la servitude militaire ; il avait toujours exécré les guerres entre nations, et les carnages dont ses enfants avaient été victimes. Mais, cela n'avait jamais impliqué, pour lui, la résignation et la non-résistance prêchée par Tolstoï, — et ce n'était pas de gaieté de cœur qu'après avoir plié l'échine sous l'oppression, il prêtait ses bras à l'exploitation. Toujours il avait cherché à s'armer pour contrebalancer les forces militaires et autres — qui, sous l'ancien régime, le tenaient sous le joug. Il s'était approvisionné de revolvers ! Il avait acheté des fusils, quand il l'i vait pu ! Il avait manipulé les explosifs et usé de la bombe !... Et c'est pourquoi il était normal que, mis en situation de s'armer sérieusement, il s'y empressât.

En l'occurrence, les syndicalistes ne faisaient que marcher sur les traces des révolutionnaires de 1789, qui mirent autant d'ardeur à se saisir d'armes, partout où ils en découvrirent, qu'ils en avaient mis à donner l'assaut au couvent Saint-Lazare et à la Bastille.

A cette époque reculée, la meilleure des armes était les canons, — et les Parisiens, qui les prisaient plus que les fusils à pierre, les considéraient comme le meilleur des arguments. Aussi, ils allaient en prendre où il y en avait !...

Des expéditions s'organisaient contre les châteaux connus pour posséder des canons : le château de

Choisy-le-Roi fut dépouillé des siens et, furent de bonne prise également, les canons des châteaux de Chantilly, de l'Isle-Adam, de Limours, du château de Broglie et de beaucoup d'autres demeures nobiliaires.

Lorsque, au retour d'une de ces opérations, les Parisiens ramenaient leur conquête à Paris, ils n'avaient pas la naïveté d'écouter les conseils perfides de Lafayette qui s'affligeait de voir le peuple s'armer et qui, pour le désarmer adroitement, voulait que les districts lui remissent leurs canons, sous prétexte d'en former un parc d'artillerie. Les Parisiens ne tombèrent pas dans le piège, ils n'écoutèrent pas ces fourbes conseils : ils gardèrent leurs canons dans leurs sections, — et ce fut leur force aux grands jours de révolte !

Donc, imitant les révolutionnaires du dix-huitième siècle, leurs petits-neveux du vingtième prirent des armes où ils en trouvèrent. Les engins de bataille étant plus perfectionnés, ils n'avaient pas pour les simples canons la même estime que leurs aïeux ; par contre, ils ne dédaignaient pas les mitrailleuses et les canons-revolvers. Avec un soin extrême, ils faisaient main-basse sur toutes les armes défensives, — et elles étaient distribuées, dans les syndicats, aux camarades valides qui voulurent s'armer.

Aux armes trouvées dans les forts, s'ajoutèrent celles provenant du désarmement des troupes, celles amoncelées dans les magasins et dépôts de la guerre, celles recueillies chez les armuriers.

L'épuration radicale dont nous venons de narrer quelques-unes des péripéties ne se limita pas à la capitale. Avec un entrain égal, la province se mit à l'unisson : les palais de justice et les prisons y furent rasés, les casernes et les forts démantelés.

Bientôt, sur toute la surface du territoire, il n'y eut plus un bataillon en armes. Simultanément, à la dislocation et à la dispersion de l'armée, le recensement des armes défensives était effectué et, par l'intermédiaire des Bourses du Travail, leur distribution s'accomplissait dans les syndicats, au gré des demandes.

Dans chaque syndicat un groupe de défense s'était constitué, auquel affluaient volontairement les éléments jeunes et actifs ; on s'y exerçait au maniement des armes et aux manœuvres de résistance, afin de n'être pas pris au dépourvu, au cas de conspiration réacteuse. Ces groupements émanaient des Bourses du Travail et, tout en liant des relations avec les groupes similaires de la région et des centres éloignés, leurs membres ne cessaient pas d'être des syndiqués actifs. Ils ne se croyaient pas dispensés de leur somme de production quotidienne, sous le prétexte qu'ils se livraient à des exercices de gymnastique militaire.

Ces cohortes syndicales n'étaient pas une force extérieure au peuple. Elles étaient le peuple lui-même qui, ayant libéré le travail, avait la prudence de s'armer pour protéger la liberté conquise.

Cette organisation de défense, à base corporative et fédéraliste, rendait impossible toute intrigue tendant à détourner cette force armée de la fonction qu'elle s'était attribuée. Des éléments hétérogènes et suspects ne pouvaient s'y incorporer ; on était là entre camarades, et pour être admis dans un de ces groupes, il fallait, non seulement être syndiqué, mais être connu et être présenté par des parrains qui répondaient de vous. Précautions un peu ombrageuses, — mais utiles pour empêcher que des « ci-devant » douteux s'y infiltrassent.

Maintenant, hérissée de fusils et de baïonnettes, de mitrailleuses et de canons-revolvers, la France syndicale était sur ses gardes ; ces armes puissantes étaient maniées par des hommes de tempérament et de résolution, — et elle avait, sur la France de 1789, la supériorité d'être irrémédiablement guérie de tous les Lafayette.

CHAPITRE XXI

L'agonie de la réaction

Dès les premiers troubles, quantité de privilégiés avaient eu la précaution de se mettre à l'abri. Quand la crise s'accentua, ce fut une ruée d'émigration.

Parmi ceux qui fuyaient la révolution, les uns étaient des superficiels, des frivoles, aimant leurs aises et redoutant les émotions ; d'autres avaient de plus sérieuses raisons pour aller respirer un autre air : leur nom avait une notoriété tellement fâcheuse qu'il paraissait condenser les haines populaires. D'ailleurs, pour les uns et pour les autres, l'émigration était un minime incident. L'habitude des grandes randonnées en automobile, des excursions aux rives du Nil ou aux fiords de Norvège, les avait imprégnés de cosmopolitisme. Sachant qu'ils pourraient trouver leurs aises n'importe où, l'expatriation leur était douce. Et puis, ils avaient les mêmes illusions que les émigrés de 1790 : ils comptaient revenir tôt et ne voyaient dans les troubles du moment que l'occasion d'un voyage imprévu, mais non désagréable.

Au surplus, rien de simple comme d'émigrer. En quelques heures d'auto, la frontière était gagnée. Le seul risque était la traversée des villages où grondait la révolte. Encore, était-ce moins en leur qualité d'émigrants, qu'en celle d'automobilistes que les fuyards avaient à craindre. En effet, dans les campagnes, l'auto était en mésestime, — elle était l'écraseuse de poules et aussi de gens... Et comme les colères étaient déchaînées, il y avait à redouter qu'elles se tournent contre elle. Cependant, rares furent les représailles. Plus rares, celles qui se terminèrent tragiquement.

L'émigration n'était pas entravée par les révolutionnaires. Bien loin de là ! Elle était souhaitée par certains qui y voyaient un expédient pour continuer, sans encombre, l'expropriation capitaliste. Comme la révolution se faisait plus contre les institutions que contre les individus, l'exode des privilégiés allait éviter des tiraillements et des démêlés avec eux. Les émigrés pouvaient emporter leur or, — mais non ce qui constitue la véritable richesse, leurs terres, leurs usines, leurs immeubles. Leur départ allait donc faciliter l'occupation de leurs domaines par les paysans, la mise en œuvre des usines et l'aménagement nouveau des immeubles qu'ils abandonnaient.

Mais, les possédants n'émigrèrent pas tous. Il en

fut, comme nous l'avons dit précédemment, qui se refusèrent à laisser le champ libre à la révolution et qui, une fois le parlementarisme jeté bas, s'efforcèrent de se défendre eux-mêmes. Dans la même période, le gouvernement essayait de se reconstituer en province ; ses membres, — ministres, députés, officiers supérieurs, — s'étaient ralliés au camp de Châlons et là, entourés de quelques débris de l'armée, ils s'essayaient à réorganiser une force militaire et ils espéraient qu'une occasion de prendre l'offensive se présenterait.

La bourgeoisie comptait, pour donner corps à sa tentative d'opposition directe à la révolution, sur ses nombreux centres de ralliement : d'abord, sur les chambres de commerce et les syndicats patronaux ; puis, sur les comités centraux qui dans certaines industries, avaient contrôlé la production, — comptoirs de maîtres de forges, comités des houillères, du textile ; ils comptaient également sur les groupements d'assurance contre les grèves et sur maintes associations diverses.

Grâce à ce réseau de groupements, les « ci-devant » qui voulaient se défendre pouvaient se supposer encore capables de résistance. Ils se berçaient d'illusions. Leur horizon social ne s'était pas élargi et ils se voyaient toujours dans le milieu ancien, négligeant de tenir compte de la transformation en voie d'accomplissement.

Leurs moyens d'action étaient surtout d'ordre financier et les organismes dont ils espéraient faire le pivot de leur opposition étaient adaptés à la société capitaliste. Tant que le problème s'était limité à garantir un patron ou même toute une industrie, contre une grève ou un soulèvement partiel, ces associations, très armées financièrement, avaient pu faire face au danger. Le cas était différent. La révolution était déchaînée, et il fallait enrayer la désorganisation du régime. OEuvre énorme, pour laquelle ces groupements étaient d'autant plus impuissants que leur domination industrielle ou commerciale était annihilée.

La bourgeoisie pouvait-elle espérer mieux des organisation diverses, mixtes et hybrides, panachées de patrons et d'ouvriers résignés, au sein desquelles de bonnes âmes avaient cru faire éclore les éléments de la réconciliation des classes ?

Ces fondations étaient sans consistance. Les ouvriers qui y étaient venus autrefois, par timidité ou esprit d'imitation, n'étaient pas hommes à se mettre en bataille pour leurs patrons. Qui plus est, une transformation s'opérait en eux : il leur avait fallu, pour vivre, joindre les groupements confédéraux et, au contact des camarades qu'ils y côtoyaient, ils devenaient des hommes nouveaux, — plus disposés à défendre la révolution qu'à la combattre.

Les bourgeois se trouvaient donc, sauf de rares exceptions, réduits à leurs propres forces et privés de ce qui, jusqu'alors, avait fait leur puissance : l'influence financière. L'or avait perdu son attraction d'asservissement. La vie était possible sans lui. Et parce que l'existence par le travail était assurée à tous, le recrutement de mercenaires devenait difficultueux.

Les « ci-devant », jusque-là habitués à être défendus, en furent réduits à payer de leur personne. Et quelles piètres personnes ils faisaient ! Les anciens rois de la finance, ceux du fer, du charbon, tous les trusteurs, tous les colosses de l'industrie capitaliste, après avoir tenu des armées ouvrières sous le joug, avoir dominé l'Etat et s'être asservi les ministres, étaient amputés de leurs privilèges. Ils étaient maintenant plus faibles que des avortons et désemparés au point qu'ils ne savaient s'ils mangeraient demain !

Ils ne pouvaient rien de réellement efficace contre la révolution. Il ne s'agissait plus de renverser un gouvernement, mais d'anéantir la puissance créatrice des corporations et de replonger tout un peuple dans le salariat. Or, par où attaquer la société nouvelle ? Il n'y avait plus de centralisation étatique et les moyens de communication et de transport étaient aux mains des fédérations de travailleurs qui paralysaient les réacteurs, sans grand effort. L'œuvre de contre-révolution était donc impossible, car elle impliquait l'abdication de la classe ouvrière.

Nous avons vu que, dès leur triomphe, les révolutionnaires avaient agi avec célérité, n'hésitant pas à prendre les mesures qui s'imposaient : en même temps qu'ils s'emparaient des usines, des banques, de tout l'outillage social, ils occupaient les sièges des trusts et tous les points où les réacteurs eussent pu se concentrer et se concerter. Ceux-ci furent donc privés des centres de ralliement sur lesquels ils avaient compté. Tout croulait autour d'eux ! Leur désastre était irrémédiable ! Ils n'allaient pouvoir que s'agiter en vain.

Avec peine, ils se retrouvèrent dans quelques villes mortes, loin de toute activité économique, en des coins où la révolution n'avait pas pénétré. Ils ne furent guère qu'un état-major sans soldats. Là, vinrent les joindre quelques aventuriers à mentalité de gorilles et des officiers de l'ancienne armée.

Quant aux officiers et sous-officiers de l'armée industrielle, — personnel de directeurs, d'ingénieurs, de contre-maîtres, — ils vinrent en petit nombre ; la plupart, qui avaient souffert de constituer un véritable prolétariat intellectuel, se refusèrent à épouser l'aventure de réaction et ils passèrent franchement au peuple.

Contre le ramassis de parasites et d'exploiteurs qui esquissaient un geste de contre-révolution, les confédérés n'usèrent que de boycottage. Les localités où s'attroupèrent les « ci-devant » furent coupées de toutes communications, isolées implacablement. On n'y laissa pénétrer ni convois, ni vivres, — rien ! Et pour que le cercle de boycottage ne pût être rompu, on redoubla d'activité pour armer supérieurement les cohortes syndicales de ces parages : on les munit de mitrailleuses et de canons-revolvers qui, montés sur des automobiles, furent des engins redoutables. Non pas qu'on souhaitât de prendre l'offensive contre les réacteurs, — mais pour être en état de les repousser, au cas où ils se fussent décidés à l'attaque.

Ils ne le purent !...

Ils manquaient d'armes, de munitions, de tout.

Les rôles étaient renversés. Le prolétariat était armé, eux l'étaient peu, — et nul ne l'était pour eux...

Leur situation était aussi précaire que celle qu'avait subie si longtemps le peuple, avec cette circonstance, — aggravante pour eux, — qu'ils ne luttaient que pour reconquérir des privilèges, tandis que le peuple avait été soutenu, dans son martyrologe, par un idéal de liberté.

A l'égard du fantôme de gouvernement qui, à Châlons, tâchait de faire illusion, s'efforçait de paraître vivre et tentait d'unir dans un faisceau les tronçons épars de la résistance capitaliste, on usa de moins de ménagements.

Extrêmement sévère fut le boycottage dont on encercla le camp. Les gouvernementaux ne parvenaient qu'avec difficulté à se ravitailler ; quant aux armements et aux munitions, il leur était impossible de les renouveler, faute de pouvoir s'approvisionner aux magasins sociaux. Cet inconvénient leur était plus sensible que tout ; il les réduisit aux anciens moyens de défense et d'attaque, sans perfectionnement ni modification possible. Autant il était facile, en effet, à un confédéré d'obtenir, par l'entremise de son syndicat, les métaux les plus divers, aciers, aluminium ou autres ; autant cela était difficile à un réfractaire, car il n'y avait plus de commerce des métaux. De ce fait, les gouvernementaux devaient vivre sur le passé, — et cela fit leur infériorité, vis-à-vis des confédérés, surtout en ce qui concernait les engins redoutables qu'étaient les aéronefs et aéroplanes.

Quand les gouvernementaux eurent été resserrés par le boycottage, comme dans un étau, on employa contre eux des procédés de destruction terribles, qui n'entraînaient pas une mobilisation militaire. Ces procédés étaient connus bien avant. Mais les gouvernements n'avaient jamais voulu y recourir. Quand ils lançaient les peuples les uns contre les autres, ils tenaient à conserver à la tuerie un certain décorum diplomatique et ils se refusaient à faire une guerre de réelle extermination, qui eût été aussi périlleuse pour les états-majors que pour la simple chair à canon.

A l'aurore d'une journée radieuse, une flottille d'aéronefs s'en vint planer au-dessus du camp de Châlons. Les aviateurs qui avaient pris l'initiative de l'expédition, — et qui marchaient de leur plein gré, — furent d'un sang-froid et d'une audace inouïs : ils vinrent évoluer à une faible hauteur et, avec une précision que le tir de l'ennemi ne troubla pas, ils accomplirent leur œuvre de ravage.

Ils bombardèrent le campement ! Et les bombes qu'ils firent pleuvoir en grêle étaient de deux sortes : les unes contenaient un explosif violent, les autres recélaient dans leurs flancs des gaz asphyxiants.

Les effets furent terrifiants ! L'éclatement presque silencieux des bombes asphyxiantes qui, dans un large rayon, fauchaient les hommes, les terrassaient et les foudroyaient sans bruit, était plus sinistre et plus horrifique encore que l'explosion des bombes détonnantes. Celles-ci déchaînaient sur la plaine un ouragan de feu, entremêlé de sifflements aigus, de coups sourds.

En moins d'une heure, il ne resta plus un bâtiment, ni une casemate debout. Les canons gisaient épars, démontés, roues et affûts brisés. Les hommes avaient été saisis d'une indicible terreur. Ceux qui, aux premières minutes, avaient essayé une inutile lutte y renoncèrent vite. Et ce fut une fuite éperdue, folle, dans toutes les directions...

On laissa les survivants s'échapper, sans armes. Les confédérés n'avaient d'autre visée que de se défendre, d'écraser définitivement la réaction, — et non d'abattre des vaincus. Quelques-uns réussirent à passer les frontières...

Ce fut la fin !

Ainsi, malgré toute l'amertume que lui inspiraient le bouleversement social et la ruine de ses privilèges, la Bourgeoisie ne put rien d'efficace contre la révolution : elle n'était plus qu'une poussière humaine, sans cohésion et sans moyens d'action. Certes, il y avait en elle des individualités ayant du ressort, capables de courage personnel et d'actes héroïques, mais qui, manquant de terrain où poser le pied, s'efforçaient dans le vide : il leur était aussi impossible de combattre le Fédéralisme triomphant, que d'étreindre l'Océan à pleins bras.

CHAPITRE XXII

Expropriation et échanges

Les dernières convulsions du capitalisme n'apportèrent aucune entrave à l'œuvre de refonte sociale. Sur tous les points, les syndicats parachevaient la réorganisation. Dans les rares branches où, — soit ignorance ou inertie, soit effet de la pression capitaliste, — les travailleurs n'étaient pas groupés précédemment, il y était remédié, avec l'aide et les conseils des délégués confédéraux. Si bien que, peu à peu, les enclaves qui, au premier jet révolutionnaire, étaient restées en dehors du mouvement, se trouvèrent imprégnées, gagnées.

Les méfiances avaient disparu. La peur de perdre au change, de tomber de mal en pis, qui, au début de la révolution, avait empêché les timorés de s'y rallier, était dissipée. Les faits étaient là, prouvant l'absurdité de ces craintes. Aussi, dans les régions retardataires, où maintenant la transformation s'opérait, des difficultés qui, dès l'abord, avaient créé de graves embarras, se résolvaient sans obstacles.

Ainsi, la question d'octroyer une indemnité aux petits industriels, aux petits commerçants, que le nouveau régime éliminait, ne se posait plus ; tandis qu'aux premiers jours, cette question de l'expropriation, avec ou sans indemnité, avait été une pierre d'achoppement. Le congrès confédéral l'avait débattue, — et résolue par la négative.

L'expropriation sans indemnité, — qui était d'ailleurs un fait accompli, — était admise par tous, quand elle touchait les grandes fortunes, les grandes propriétés, la grande industrie. Par contre, certains cherchaient à établir une distinction entre d'autres capitaux : ils classaient d'un côté, ceux provenant de la propre fructification du capital, — par conséquent ne donnant pas droit à indemnité ; d'un autre côté, les capitaux provenant du travail direct de leurs détenteurs, fruit de leurs économies, — et méritant compensation. Cette compensation, disaient-ils, pourrait consister en une faculté de consommation, accordée aux expropriés reconnus comme y ayant droit, d'après un tant pour cent à fixer.

A cette thèse, il fut objecté que l'amél'oration de vie et l'assurance du lendemain, avec continuité et accroissement indéfini de bien-être, qu'apportait la révolution à la catégorie des « privilégiés » qu'on jugeait mériter une indemnité, compensait — et au delà ! — la perte de leur mince capital. Ainsi, le petit rentier, parvenu à l'âge du repos, n'avait-il pas, actuellement, la vie plus large et meilleure que celle qu'il eût pu s'offrir avec ses maigres rentes d'antan ? L'ex-petit commerçant, l'ex-petit industriel, — qu'on avait d'ailleurs laissés libres de croupir dans leur coin, — n'avaient-ils pas aisance plus grande qu'autrefois? Quant aux paysans et aux prolétaires qui, sou à sou, avaient économisé juste assez pour se constituer une petite hypothèque sur un voisin, ou pour acheter quelques actions, n'étaient-ils pas, eux aussi, très largement indemnisés de la perte de ces infimes privilèges ?

Et puis, ajoutaient les partisans de l'expropriation pure et simple, tant d'inconvénients surgiraient de l'opération proposée que ce serait raison suffisante pour y renoncer. D'abord, comment établir une ligne de démarcation entre les capitaux méritant indemnité et les autres ? Ensuite, à supposer cette première difficulté surmontée, d'autres surgiraient, aussi fâcheuses : il faudrait une bureaucratie pour faire les enquêtes et les estimations aux fins d'indemnité ; en outre, les appétits seraient éveillés et surexcités, grâce à ce mirage de vivre encore en parasites. Ce serait perpétuer l'ancien régime dans le nouveau. Ce serait greffer le cancer au cœur de la jeune société. Non ! Non ! Pas d'indemnité !

A cette argumentation, les adversaires de l'indemnité ajoutèrent l'exemple de 1789. Ils dirent qu'il ne fallait pas recommencer la duperie de la nuit du 4 août. Dans cette fameuse séance, à grand fracas verbal, la Constituante proclama la suppression des privilèges féodaux... avec rachat ! Pourquoi ? Parce que les Constituants avaient peur de l'insurrection paysanne et parce qu'ils comptaient l'enrayer avec d'illusoires promesses.

Après le 4 août, le vieux système féodal continua, — avec ses dîmes et ses redevances ! — et il eut persisté si les paysans n'y avaient mis ordre en supprimant eux-mêmes, violemment, les privilèges qu'ils abhorraient. Ils furent tenaces. Pendant quatre ans, ils restèrent sur la brèche. Ce ne fut qu'après cette période d'inlassable révolte, qu'en 1793, la Convention fut obligée de sanctionner l'abolition pure et simple des droits féodaux.

Qui peut dire l'élan qu'aurait eu cette révolution si, à son origine, en 1789, les Constituants avaient eu la conscience de répondre à la révolte populaire par la suppression sans rachat des privilèges féodaux ?

Aujourd'hui, concluaient-ils, la situation est identique : les privilèges du capital équivalent aux privilèges féodaux de 1789..., mais, tandis que les Constituants, qui étaient d'origine bourgeoise ou noble, avaient intérêt à la conservation de ces privilèges, il n'en est pas de même de nous : nos intérêts sont les mêmes que ceux de nos camarades, et nous n'avons pas le droit d'énerver la révolution par des demi-mesures.

En conclusion de cette discussion, il fut décidé que le capital, quelle que fût sa provenance, ne donnerait pas lieu à indemnité. On considéra que l'assurance de vie, large et facile, qu'en retour d'un travail modéré la société garantissait à chacun, constituait la part de remboursement auquel chacun pouvait équitablement prétendre.

Cette résolution ne visait que le capital, sous forme de propriétés, immeubles, magasins, usines, titres de rente, actions. Quant à la monnaie. détenue par les particuliers, elle fut laissée en circulation. De même, les détenteurs de livrets de caisse d'épargne purent rentrer en possession de leurs dépôts, et les personnes ayant des dépôts aux banques purent en obtenir remboursement jusqu'à un maximum de quelques milliers de francs, — à peu près de quoi vivre environ une année, en tablant sur les anciens prix d'achat. L'inconvénient de ces diverses mesures était minime, attendu que cet argent, ne pouvant plus servir qu'à la consommation, devait, — fatalement et rapidement, — faire retour à la banque syndicale.

Ce fut en s'inspirant de ces données que la fédération des employés de banque assura le fonctionnement de la banque syndicale et de ses succursales : cette banque, nous l'avons dit, s'était constituée avec l'encaisse de la banque de France, des maisons de crédit et avec les trésors des banques juives, catholiques, protestantes ou autres. Elle était le réservoir général où la collectivité puisait. Comme il ne s'agissait que d'établir le niveau des entrées et des sorties, comme il n'y avait plus de doit ni d'avoir, la comptabilité était peu compliquée.

Pour les rentrées de numéraire, le mécanisme était simple : les particuliers qui achetaient aux magasins sociaux, selon l'ancien procédé d'échange, payaient en or ou en argent. Ce numéraire, dont le magasin n'avait que faire (car ses réapprovisionnements s'opéraient sur simple demande, par l'entremise des fédérations et des Bourses du Travail), il ne le gardait pas en caisse, mais l'expédiait à la banque. Celle-ci enregistrait la somme qu'elle encaissait et sa provenance, sans cependant la porter à l'avoir du magasin payeur, — pour la raison péremptoire qu'il n'avait pas de compte avec elle.

Pour les sorties de numéraire, le fonctionnement n'était pas plus compliqué. Il comportait deux cas : celui d'approvisionnement à l'intérieur et celui d'approvisionnement à l'extérieur.

Les organisations qui avaient besoin de s'approvisionner à l'intérieur, — par exemple pour acheter aux paysans, aux éleveurs qui n'avaient pas encore accepté le contrat social, — demandaient à la banque, ou à la succursale de leur région, l'avance en numéraire ou chèque qui leur paraissait nécessaire, et elles faisaient leurs achats, selon l'ancien système. Or, comme les vendeurs, qui étaient payés en monnaie, avaient, eux aussi, besoin de s'approvisionner en produits de tout genre, ils s'adressaient aux magasins sociaux... et le numéraire qui leur avait été versé revenait à la banque syndicale d'où il était sorti. Tout ne rentrait pas ; il y avait un écart entre les débours et les encaissements, — causé par la manie thésauriseuse de certains maniaques. C'était d'importance nulle, car la banque se préoccupait, non de conserver son encaisse au même niveau, mais seulement de remplir sa fonction de pompe aspirante des produits qu'elle déversait sur la communauté.

Le trafic avec l'extérieur s'opérait aussi selon le mode commercial : les produits à exporter étaient dirigés, soit sur les ports d'embarquement, maritimes ou fluviaux, soit sur les docks des voies ferrées. De même arrivaient les produits importés. Les syndicats et la fédération des dockers présidaient aux diverses opérations d'exportation et d'importation.

Les produits importés étaient selon les demandes, — ou proportionnellement aux quantités en magasin et aux besoins, — dirigés par les syndicats des dockers vers tels ou tels centres. Naturellement, les opérations commerciales cessaient dès que les produits d'importation entraient dans la circulation intérieure.

On n'exportait plus que le trop-plein, — car avec le capitalisme avait sombré l'absurde et néfaste système de produire pour l'exportation, — alors qu'à l'intérieur le peuple vivait misérablement, manquant des produits qu'on expédiait au loin. On ne jaugeait plus le degré de prospérité et de richesse du pays d'après l'étendue des exportations, mais, tout simplement, d'après la quantité de bien-être répartie entre toute la population.

Le régime de la navigation se trouvait, par suite de sa situation particulière, être à double face : resté commercial dans ses rapports avec les pays étrangers ; devenu communiste dans ses relations avec l'intérieur.

Des premiers, les marins du commerce s'étaient associés à la révolution et, sans hésitation, leurs syndicats avaient pris possession des vaisseaux de tout ordre, — de ceux appartenant à des armateurs et de ceux frétés par des Compagnies.

La première mesure qui s'imposait était de reconstituer les équipages par affinités et sympathies, — car, plus en mer que partout ailleurs, l'homogénéité et l'accord sont nécessaires. Pour ce faire, les équipages se recrutèrent eux-mêmes, sous les auspices conciliateurs des syndicats de marins. Ce fut aussi par une entente commune entre le personnel d'un équipage qu'il fut fait choix du capitaine et autres hommes qui eurent charge de la direction du navire. Il ne s'agissait plus là de fonctions d'autorité, mais d'une naturelle division du travail, qui n'infériorisait personne et ne donnait à quiconque une supériorité de droit.

Pendant qu'il était procédé à la reconstitution des équipages, s'élaboraient les conditions nouvelles de la navigation. Il fut convenu que, tant qu'ils seraient en terre française, ou dans les ports français, les marins auraient les mêmes commodités de vie que tous les camarades. En période de navigation, il leur faudrait fatalement se soumettre aux restrictions nécessitées par le rationnement obligé en mer. Quant aux facilités de vivre aux pays étrangers, au cours de leurs escales, elles leur seraient assurées par une indemnité en numéraire, qu'ils toucheraient à la banque syndicale de leur port d'embarquement.

Les vaisseaux, — tout comme leur équipage, — auraient un fonctionnement mixte : ils effectueraient gratuitement le transport des voyageurs qui seraient confédérés, tandis qu'ils transporteraient aux conditions financières anciennes les voyageurs étrangers. De même, tandis que les marchandises de provenance française seraient embarquées gratuitement, — mais grevées d'un droit de transport que paierait l'acheteur, — les marchandises d'importation seraient débarquées, sans être grevées d'aucune redevance.

Les bateaux qui commerceraient avec l'étranger recevraient des indications, basées sur les demandes de produits parvenues aux syndicats des dockers et aux syndicats des marins ; il leur serait laissé, pour ces opérations d'achat, une large initiative, — et la banque syndicale leur donnerait les sommes nécessaires.

Au retour, les bateaux verseraient à la banque les sommes qu'ils auraient encaissées, en paiement des produits exportés, ou pour transport de voyageurs, — mais sans qu'il y ait à établir un équilibre entre leurs recettes et leurs dépenses.

Tel fut, dans ses grandes lignes, le mécanisme adopté pour les échanges avec l'extérieur.

On pouvait craindre que les pays étrangers, par haine de la révolution, rompissent toutes relations commerciales avec la France. Les gouvernements l'eussent souhaité. Mais l'appât du gain l'emporta. Toutes les tentatives de boycottage international échouèrent ; il se trouva des capitalistes étrangers pour tirer profit des événements et réaliser d'autant meilleurs bénéfices qu'étant données les circonstances, les français n'hésitaient pas à payer les matières premières dont ils avaient besoin, à un taux supérieur.

Cette méthode d'échange, qui devait rester en vigueur autant que les pays voisins ne seraient pas libérés du capitalisme, n'était que l'extension de l'attitude observée à l'intérieur, envers les réfractaires au pacte confédéral.

Le circulus monétaire n'avait donc un caractère commercial qu'à l'égard des étrangers au contrat social ; à l'égard des associés, la banque fonctionnait comme un réservoir commun où il était puisé selon les besoins. La royauté de l'or était, par conséquent, abolie dans la nouvelle société : ce métal était privé des pouvoirs de fructification qui autrefois avaient fait sa puissance et il était réduit à une fonction transactionnelle qui irait toujours en décroissant.

CHAPITRE XXIII

Les professions libérales

Les « intellectuels » — comme on disait autrefois — n'avaient pas trop boudé la révolution. Beaucoup l'avaient vue surgir avec joie, avaient aidé à son triomphe.

Cependant, parmi ceux-ci, il en était que la transformation léserait, — auxquels elle supprimerait des avantages de fortune ou de situation. Ces derniers n'étaient pas les moins enthousiastes : la vie nouvelle leur semblait une délivrance. Ils avaient étouffé dans la société capitaliste. Les satisfactions matérielles qu'ils y trouvaient ne compensaient pas les dégoûts, les répugnances, les chagrins que leur occasionnaient les tares, les misères et les injustices dont abondait le milieu bourgeois.

Des hommes de haute valeur, — dans les sciences, les arts, la littérature, — tous bénéficiaires de l'ancien régime, nourrissaient à son égard de tels sentiments d'aversion qu'ils furent ravis de son effondrement. Cet état d'âme aida à la chute du capitalisme : sa ruine était tant souhaitée, si attendue, que ses désirs impatients formèrent une atmosphère favorable à la révolution.

Parmi les étudiants, beaucoup participèrent au mouvement, — les uns, transfuges de la bourgeoisie, les autres prolétaires intellectuels (pour qui la vie s'annonçait dure) ; ils lièrent leur sort à celui de la classe ouvrière, se mêlèrent aux combattants. Ils apportaient leur énergie et leur bonne volonté, — et ils furent acueillis fraternellement.

Cette collaboration d'intellectuels à la révolution favorisa la réorganisation des écoles, des méthodes d'éducation et aussi la transformation des professions libérales.

Désormais, les médecins, les chirurgiens, n'eurent pas à faire commerce de leur savoir et de leur expérience. Leur profession devint une fonction sociale, acceptée et remplie par passion professionnelle, — par désir de soulager les souffrances humaines et non par intérêt mercantile. Déjà, dans la société capitaliste, des symptômes de cette transformation se percevaient : après qu'un praticien de grand renom avait donné ses soins aux riches, à des taux exhorbitants, il lui plaisait de soigner gratuitement les pauvres diables, — et quelquefois même de les aider de sa bourse. La plupart obéissaient alors à un mobile sentimental, — sans attribuer à leurs gestes de solidarité humaine un sens de critique sociale. Mais, quel que fut le mobile de leurs actes, ceux-ci n'en étaient pas moins une protestation contre les inégalités choquantes, contre le mercantilisme obligé, — et ils tendaient à rétablir l'équilibre. C'est pourquoi ces docteurs, qui se croyaient simplement charitables, étaient plus préparés que d'autres aux pratiques communistes de la vie nouvelle.

Egalement, les architectes, dessinateurs, ingénieurs, chimistes, et autres, perdirent leurs antérieures situations privilégiées ; ils devinrent des collaborateurs utiles et précieux pour le bon fonctionnement de la société, mais leurs talents ne leur constituèrent pas droit à un traitement de faveur.

Les associations professionnelles qui, dans les branches libérales, existaient précédemment, se transformèrent en syndicats et se fédérèrent. Ces groupements eurent une vie autonome, tout comme les autres corporations et, — comme elles, — participèrent à la vie et aux actes de la Confédération du Travail.

Ainsi que nous l'avons expliqué, les professions libérales n'eurent pas des conditions de vie différentes de celles des autres corporations ; leurs syndicats respectifs distribuèrent à leurs membres la carte de gratuité, — semblable à celle de tous les confédérés, — et donnant droit de consommation sur les produits existant en abondance ; ils distribuèrent aussi, à chacun, un carnet de « bons » permettant de consommer ou d'obtenir, dans une proportion égale pour tous, les produits rares ou objets de luxe.

Sur tous les produits, sur tous les objets que leur moins grande quantité obligeait à rationner, la part de chacun était théoriquement proportionnelle ; mais leur partage mathématique, outre qu'il était impraticable, eût été absurde et eût donné des résultats pitoyables. La répartition logique qu'on eût vainement cherchée par ce procédé, fut obtenue naturellement par le libre jeu des goûts particuliers, des préférences individuelles : les uns se portèrent vers tels produits, les autres vers tel objet et cette dispersion des désirs, cette variété des goûts, réalisa l'équilibre entre l'offre et la demande. Il fut loisible à chacun de satisfaire, en proportion équivalente à la richesse sociale, ses appétits de luxe.

Ce pouvoir égal de consommation, attribué indistinctement à tous, ne paraissait excessif qu'à ceux qui s'étaient tenus confinés dans le cadre étroit de la vie bourgeoise. Les autres, qui savaient quel travail d'élaboration préalable avait préparé — depuis le milieu du dix-neuvième siècle, — les réalisations actuelles, s'y pliaient, sinon avec joie, du moins sans trop grande acrimonie.

Il n'avait pas surgi brusquement, en effet, le sentiment d'égalité et d'équivalence des fonctions dont était saturée la classe ouvrière. Depuis longtemps ses militants — après avoir condamné les privilèges de la fortune, — enseignaient qu'un être humain n'acquiert pas, grâce au savoir, des droits supérieurs à ceux des autres hommes et qu'il n'a pas à réclamer une rémunération d'autant plus élevée qu'il est plus instruit ; ils démontraient que celui qui est pourvu d'instruction en est redevable à ses professeurs, aux travaux accumulés par les générations passées, à toute l'ambiance qui le baigne, — ce qui lui a permis le développement de ses facultés. Et ils ajoutaient : autant les maçons, les égoutiers, les boulangers, les jardiniers, ont besoin du médecin, — autant celui-ci a besoin d'eux ; entre celui-ci et ceux-là il y a échange de services, par conséquent, il doit y avoir équivalence de droits et il est abusif que l'un se targue de son savoir pour se tailler une part plus grande, au détriment de celle de ses co-associés.

Tous ne furent pas d'humeur à accepter ce nivellement sans maugréer. A ceux qui s'en chagrinaient, un docteur réputé qui, en régime capitaliste, avait disséqué les plaisirs factices de la grande richesse, versa le baume philosophique:

« Avez-vous oublié, leur exposa-t-il, que ce que le riche pouvait consommer personnellement était peu de chose par rapport à sa fortune croissante ?

« Il n'avait qu'un estomac et devait le ménager. Lorsqu'il avait mangé deux ou trois plats, deux fois par jour, il avait touché la limite de sa faculté gastrique en quantité. Ses aliments étaient de premier choix, mais la qualité optima était vite atteinte.

« Les pommes de terre, un des meilleurs légumes, il se les procurait, parfaites, à bas prix. Quant aux primeurs ou aux produits des autres saisons, leur prix pouvait s'élever énormément sans que leur agrément croisse en proportion. La plupart ne valant pas, pour la saveur, le fruit du moment.

« Le même homme n'avait qu'un lit ; car l'utilisation successive de plusieurs aurait troublé son sommeil sans avantages compensateurs. Les vêtements sont comme les lits. Leur changement procure plutôt quelque gêne. Il faut les essayer neufs, les faire à votre corps, se faire à eux, ce qui poussait les multimillionnaires eux-mêmes à ne pas avoir une garde-robe beaucoup plus importante que celle d'un employé de magasin.

« Cet homme n'avait qu'une chambre, pour la même raison qu'il n'avait qu'un lit ; et ainsi pour les deux ou trois pièces qui lui servaient réellement, le bureau, la salle à manger, le salon intime. Le reste était pour la réception, pour les autres...

« Il pouvait voyager ? Mais, les voyages fréquents perturbaient son existence et l'exposaient à mille désagréments qui, pour bien des personnes, étaient plus grands que les distractions recherchées.

« Il pouvait associer les autres à ses plaisirs ? Mais outre que cela pouvait être plus ou moins agréable d'organiser des distractions au profit d'étrangers, le plaisir n'était pas consommé personnellement... En ce cas, il y avait un commencement de socialisation de la richesse... »

Pour conclure, l'optimiste docteur prêchait à ses confrères l'adaptation au milieu nouveau : il exposait que leur science et leurs talents y seraient appréciés et mis en valeur, — mais ne leur constitueraient pas de prérogatives ; il évoquait les joies et les satisfactions qu'ils éprouveraient à être des unités sociales, à égal titre que quiconque, — joies et satisfactions autrement agréables que les bonheurs relatifs et artificiels qui avaient pu s'envoler avec leur fortune passée.

Au surplus, si l'homme de profession libérale, gâté par le succès, pouvait se considérer comme diminué dans sa puissance de consommation personnelle, par contre, au point de vue professionnel, il se trouvait riche comme il ne pouvait souhaiter plus.

Les organisations scientifiques, — et leurs membres, — eurent à leur pleine disposition un outillage perfectionné, des laboratoires splendidement installés et les moyens de faire toutes les expériences et les recherches souhaitables. D'où il résultait que si les hommes de science pouvaient arguer que leur superflu personnel était réduit, en compensation, — à condition qu'ils fussent passionnés pour leur art, — ils devaient s'avouer plus réellement riches qu'autrefois.

Les organisations médicales et chirurgicales, de concert avec celles du personnel sanitaire, — chacune dans leur sphère, eurent charge de réorganiser les services de santé et d'hygiène, en se substituant à l'imprévoyante et odieuse administration de l'Assistance publique, qui avait été supprimée sans regrets.

Les maisons de santé, les hospices furent transformés, admirablement aménagés, avec toute l'hygiène désirable et le maximum de confort. Rien ne fut négligé pour faire de ces palais de la douleur des lieux où le malade trouvait dans un cadre riant, sinon un apaisement à ses souffrances physiques, du moins un également des yeux, un adoucissement moral.

Ajoutons que la maison de santé, l'hospice, n'étaient pas obligatoires, — hormis pour les maladies épidémiques. Il était loisible à chacun de se faire soigner à sa guise, — à son domicile ou dans une maison commune. D'autre part, le personnel sanitaire, autrefois engagé dans des conditions d'autant plus défectueuses qu'il était mal rémunéré, se recruta par affinités, — par vocation, et non sous l'aiguillon de la nécessité. Aussi, gardes-malades et infirmiers apportaient-ils dans l'exercice de leurs fonctions une douceur et une aménité, trop rares autrefois.

Outre la réorganisation de tous les services ayant trait à la santé, les syndicats de médecins, de chirurgiens, de pharmaciens, s'occupèrent activement de la refonte des écoles spéciales qui, dorénavant, allaient fonctionner avec la pleine autonomie, revendiquée en vain sous l'ancien régime : les écoles s'administreraient elles-mêmes, les élèves feraient choix de leurs professeurs ; l'enseignement, sans perdre rien de ses côtés théoriques, serait plus profondément pratique, technique, clinique.

CHAPITRE XXIV

L'éducation

Les instituteurs, dont les groupements participaient depuis longtemps à la vie syndicale, qui, des premiers, avaient proclamé la nécessité de libérer l'enseignement de la tutelle étatiste, de le réorganiser sur des bases corporatives, avec entière autonomie, furent parmi les plus chauds partisans de la révolution. Seulement, tout en participant individuellement et selon leur tempérament à l'insurrection, ils ne prirent pas prétexte de la grève générale pour suspendre leurs classes. Ils se dirent que la grève des écoles gênerait plus les parents que le gouvernement et ils restèrent en fonctions, pensant être plus utiles à la cause du peuple en veillant sur ses enfants. Les élèves purent donc continuer à fréquenter l'école... jusqu'au moment où, gagnés par l'exemple de l'entourage, ils firent à leur tour la grève générale, — l'école buissonnière.

La phase de bataille terminée, quand vint la période triomphante, la fédération des syndicats d'instituteurs convoqua un congrès pour discuter des méthodes d'éducation et jeter les bases d'un enseignement rationnel, en concordance avec la transformation sociale accomplie.

L'ancienne classification en enseignement primaire, secondaire, supérieur, qui parquait les fils du peuple dans la « laïque » et réservait les lycées et les collèges pour les fils de la bourgeoisie n'était plus admissible. Le système des bourses qui, dans la société capitaliste, tempérait l'arbitraire de cette classification, rendait un hypocrite hommage à l'égalité, et permettait à quelques fils du peuple de sauter dans l'école bourgeoise, ne faisait que souligner mieux l'odieux de cette démarcation. Cet enseignement cloisonné, conforme à une société d'exploitation, puisqu'il distribuait le savoir à des doses différentes, suivant que les enfants étaient destinés à commander ou à obéir, à faire travailler les autres ou à trimer eux-mêmes, n'avait plus raison d'exister dans un milieu de liberté et d'égalité.

Le travail du Congrès fut double : procéder à la refonte corporative du corps enseignant, et élucider et définir ce que devait être l'enseignement nouveau.

Sur ce second point, le Congrès, auquel participèrent, non seulement les délégués des syndicats d'instituteurs, mais aussi de toutes les associations de l'enseignement, tant des écoles normales, que de l'enseignement secondaire et supérieur, eut davantage le caractère d'une enquête approfondie sur

13.

l'éducation, que celui d'un congrès proprement dit. Tous ceux qui eurent sur la question une idée à soumettre ou un projet à exposer, purent s'y faire entendre, — donner leur avis, apporter leurs lumières.

On se préoccupa d'abord de la refonte corporative, pour en modifier les rouages et le mécanisme ; on élimina les inutilités et les superfétations, et, ici comme partout, on substitua la vivifiante autonomie à l'autoritarisme étouffant.

Après ce préliminaire remaniement professionnel, — qui était d'ailleurs intimement lié à celui de l'enseignement, — les grandes lignes de celui-ci furent définies :

Les deux enseignements, primaire et secondaire, seraient fondus en un seul, — rationnel et intégral. Tous les enfants, quelles que soient leurs aptitudes ou leurs capacités, puiseraient à la source commune du savoir, — leur développement ultérieur, pour divergent qu'il fût, ne pouvant être que le résultat d'une plus ou moins grande aptitude à apprendre, à s'assimiler les connaissances humaines.

Le corollaire de ces prémisses fut le respect absolu des droits de l'enfant, — de l'homme de demain. L'enfant fut considéré comme un être foncièrement libre et indépendant, — mais en voie de développement, — et il ne fut reconnu à personne, ni à un individu, ni à un groupe, le droit de pétrir son cerveau, de lui inculquer telles manières de voir et de penser, plutôt que telles autres.

Les droits des parents sur le cerveau de l'enfant

furent niés, proclamés tyranniques et arbitraires. On ne voulut pas plus leur reconnaître le droit de lui pétrir le cerveau à leur guise, que celui de lui dévier la colonne vertébrale. Les prétentions de même ordre que pourraient vouloir s'arroger sur l'enfant ses éducateurs, furent condamnées aussi catégoriquement.

Cette notion, qui posait à la base la souveraineté de l'être humain, et déclarait qu'on devait le respecter, dans son germe et dans sa fleur, allait être la pierre angulaire de l'éducation distribuée à tous avec une égale largesse.

Faire des hommes ! harmoniquement développés, — physiquement, intellectuellement et moralement, — et, par cela même, aptes à porter leur activité au maximum, dans la direction de leur choix. Tel fut le but !

La culture physique fut le point initial de la méthode d'instruction préconisée, — car il fut admis que le développement intellectuel est en rapport avec l'activité physique. Pour les notions élémentaires, et aussi pour l'arithmétique, la géométrie, les sciences naturelles, l'enseignement fut rendu aussi concret, aussi pratique que possible. Pour ces diverses branches du savoir, nulle fausse orientation n'était à redouter. La difficulté commençait avec l'étude de l'histoire : il fut recommandé aux éducateurs d'exposer les faits historiques avec la préoccupation, non de faire partager leur conception à leurs élèves, mais avec celle de les mettre en mesure d'apprécier et de juger, — de se former une opinion qui émane bien d'eux et qui ne soit pas un reflet de la personnalité du maître. Celui-ci devait donc viser à provoquer l'éveil des jeunes intelligences, non en fatiguant leur mémoire, mais grâce à une gymnastique pédagogique, basée sur l'expérience, sur les faits et leur explication.

La meilleure des instructions allait consister à donner à l'enfant des notions solides, exactes, et surtout, à lui inculquer si fortement le goût du savoir que cette passion l'étreigne toute sa vie.

Au jeune homme, dont le développement individuel aurait été préparé par cette éducation qu'on pourrait qualifier de « primaire » serait laissé le choix de l'enseignement « secondaire » qu'il lui agréerait de recevoir. Cet enseignement théorique, large, profond, ne rappellerait que très vaguement l'enseignement des anciens lycées. Loin d'être un enseignement « mort », il serait, au contraire, très vivant : les sciences y tiendraient le premier rang et, à l'enseignement général serait jointe une instruction professionnelle, — pratique, technique, mais non spécialisée. Les besoins sociaux n'étant plus les mêmes qu'en période capitaliste, on ne se préoccuperait pas, dans ces écoles, de faire éclore des magistrats, des notaires, — et autres spécimens des espèces malfaisantes disparues, — mais de faire des hommes industrieux, à l'intelligence ouverte, au savoir judicieux, et capables d'être utiles à eux-mêmes et à leurs semblables.

De là, le jeune homme pourrait, à son gré, aller faire un stage dans les écoles d'enseignement technique, d'industrie, de métiers, d'agriculture, — qui, déjà, existaient à l'état embryonnaire dans la société bourgeoise.

Ces collèges techniques sortaient du cadre de l'enseignement proprement dit. Là, s'achèverait ce qu'autrefois on appelait l'apprentissage. Ces collèges allaient être le trait d'union entre les écoles et la vie de production. En continuant la comparaison avec la vieille classification, ils se pourraient comparer aux écoles d'enseignement supérieur. Pour l'industrie, l'agriculture, les sciences, ils équivaudraient à ce qu'étaient anciennement les facultés de droit, de sciences et de lettres pour les professions libérales ; ils équivaudraient aussi aux nouvelles écoles de médecine, de chirurgie, de pharmacie.

Ces collèges techniques allaient être une émanation des fédérations corporatives : les collèges de médecine, de pharmacie, relevant du corps médical ou pharmaceutique ; ceux d'agriculture, relevant de la fédération terrienne ; ceux du tissage, de la fédération du textile, — et ainsi des autres.

Il ne fut pas établi de distinction entre les garçons et les filles ; les deux sexes seraient élevés ensemble, dans les mêmes écoles, sur pied d'égalité. Non pas qu'on prétendît astreindre la femme aux mêmes travaux que l'homme, mais parce que la coéducation était tenue pour la meilleure des préparations à la fusion morale des sexes.

Quand les fillettes deviendraient jeunes filles, elles feraient un stage dans les collèges spéciaux où seraient enseignés les métiers féminins, et où elles se prépareraient aux fonctions sociales, adéquates à leurs goûts.

L'enseignement intégral, dont nous venons d'esquisser les grandes lignes, fut l'œuvre du Congrès des syndicats d'instituteurs et de professeurs et sa coordination relevait de ces groupements, désormais fondus entre eux, unifiés. Cependant, à côté, sans qu'il soit porté atteinte à l'autonomie du corps enseignant, des associations de scolarité se formèrent, auxquelles s'affiliaient les parents qui s'intéressaient aux questions d'éducation. De concert avec les éducateurs, ces associations s'ingéniaient à embellir les écoles, à perfectionner les méthodes d'éducation.

Tandis que se mettait en œuvre, avec la collaboration de tous, cet enseignement profondément humain, autour des chaires des professeurs s'empressait la génération nouvelle, heureuse de vivre, avide de savoir. Elle n'avait pas les tares qui glaçaient autrefois les jeunes hommes : la sécheresse de cœur, les âpres envies de parvenir, de jouer des coudes au détriment des camarades, qui dans la vieille société étouffaient les sentiments généreux.

Cette jeune génération, ignorant les appréhensions du lendemain, n'étant pas étreinte par les angoisses de l'avenir, n'apercevant nul point noir à l'horizon, était toute vibrante et aimante, — saine et forte !

CHAPITRE XXV

La création de l'abondance

La crainte de la disette, qui fut si obsédante aux premières heures de la révolution, était disparue. L'élan donné à la production avait été si intense que l'abondance croissait, montait en inondation, — et avec elle grandissait l'enchantement. La joie de vivre fluait, s'épandait. Et on riait des inquiétudes d'hier.

Cependant, pour vaines qu'eussent été ces inquiétudes, il était compréhensible qu'elles aient préoccupé les meilleurs et les plus optimistes des révolutionnaires.

Quand se fit la transition entre les deux régimes, on savait combien les crises de surproduction qui déséquilibraient la société capitaliste étaient artificielles : on savait que jamais il n'y avait eu réellement pléthore, mais seulement crises d'engorgement, résultant d'une répartition inégale et insuffisante.

Si les paysans se plaignaient d'avoir trop de fruits, trop de cidre ; si les vignerons jérémiaient contre la mévente ; si les pêcheurs rejetaient à l'eau le poisson que les mareyeurs refusaient de leur acheter ; si les magasins étaient encombrés de chaussures, de vêtements, — ce n'était pas qu'il y eût trop de fruits, de cidre, de vin, de poissons, de chaussures, de vêtements... puisque des populations entières manquaient de tout cela !

Par conséquent, il était à prévoir que, la consommation devenant libre, la surproduction prétendue n'existerait pas longtemps.

D'autre part, les théoriciens de l'exploitation humaine avaient tellement ressassé que la contrainte était indispensable pour astreindre l'homme au travail, car, sans l'aiguillon de la faim, sans l'appât du gain, il s'adonnerait à la paresse, que ces affirmations saugrenues avaient fait naître des appréhensions.

S'il advenait ce que prétendaient ces mauvais augures. Si le peuple, écœuré et las de travailler pour les autres, se refusait à travailler pour lui-même, la misère ne serait pas vaincue !... Et, bientôt, la réaction triompherait à nouveau.

N'était-ce pas ainsi qu'avaient sombré les révolutions antérieures ?

En 1848, le peuple versa son sang pour conquérir la république et il mit à son service trois mois de misère... Mais son sort, loin de s'améliorer, empira. Vinrent les fusillades de juin ! Puis, comme les affaires allaient mal, comme le travail ne marchait pas, la miche se fit plus rare que sous la royauté.

Aussi, désillusionné, le peuple laissa faire le coup d'Etat de 1851.

Une perspective identique n'était-elle pas à redouter si, une fois les réserves capitalistes épuisées, le réapprovisionnement devenait impossible ? N'y avait-il pas à craindre que la discorde se déchaînât dans les rangs ouvriers et que la bourgeoisie en profitât pour rétablir son règne ?

Au congrès confédéral, ce doute pesa sur les délégués syndicaux. C'est pourquoi ils n'osèrent pas fixer plus bas qu'à huit heures le maximum quotidien de la durée du travail. En la circonstance, ils ne firent que traduire les sentiments de la masse ouvrière : elle aussi, encore troublée par les préjugés et les erreurs dont on l'avait bercée, redoutait de ne pouvoir assurer l'ensemble des besoins sociaux.

L'expérience prouva tôt combien ces frayeurs étaient mal fondées. Jamais l'ardeur au travail n'avait été si vive, si unanime, — sauf peut-être en 1791, alors que le paysan qui venait de libérer la terre des privilèges féodaux, de l'arracher au seigneur, sentit la dignité humaine s'éveiller en lui et, libre, foulant un champ libre, se mit de tout son cœur et de toute son âme au labour. Ces heures splendides, on les revécut ! Et, cette fois, paysans et ouvriers avaient mêmes enivrements. mêmes enthousiasmes. Aussi, avec quel entrain on se mit au travail !

Rares furent ceux boudant à la besogne. Tellement rares, que les syndicats dédaignèrent de pren-

dre à leur égard des mesures de boycottage effectif.
On se borna à les traiter par le mépris, à les tenir à
l'écart. Les paresseux furent aussi mal vus que
l'étaient autrefois les mouchards et les souteneurs.
Ceux-ci avaient des métiers qui nourrissaient fort
bien leur homme, — mais ils étaient méprisés, re-
gardés comme avilissants. Aussi les individus qui
manquaient assez de respect d'eux-mêmes, n'avaient
pas désir de propreté morale et qui se moquaient
assez de la déconsidération pour manger de ce pain-
là, avaient été des exceptions.

Ils furent également des exceptions les fainéants
qui préférèrent subir le mépris de leur entourage au
lieu de s'adonner à un travail manuel, qui n'avait
rien d'une corvée fastidieuse et était une gymnastique physique, musculaire, nécessaire à la santé.

On avait tant glorifié, autrefois, le désœuvrement
et la fainéantise, — tandis qu'on tenait le travail
en mésestime, — qu'il n'y avait pas à s'étonner que
le désir de vivre en parasites n'ait pas spontanément
disparu, chez des êtres gangrenés par le milieu bourgeois. Pourtant, outre que cette propension à la
paresse fut très restreinte, elle ne fut que momentanée : c'était une malaria morale, endémique au marais capitaliste, qui persistait après sa disparition,
mais que la saine atmosphère nouvelle allait dis-
siper.

On travailla donc avec une vigueur qui avait été
inconnue dans les usines et ateliers patronaux. Ce
n'étaient plus des esclaves, des salariés, courbés
sous une corvée déplaisante, qui leur pesait d'autant plus que, souvent, elle avait un résultat inutile

ou nuisible : c'étaient des hommes libres, travaillant pour leur compte, et, par conséquent, apportant à remplir la tâche qu'ils avaient consentie un acharnement inouï.

La hantise que le nécessaire vînt à manquer fit accomplir des prodiges. On trima d'arrache-pied. On donna un effort colossal, — qu'on eut refusé de donner en travail salarié. Dans certaines usines, de leur plein gré, des camarades s'imposèrent un travail supplémentaire, afin d'accroître la quantité de produits disponibles pour tous ; ailleurs, des hommes, ayant atteint l'âge du repos, réclamèrent leur place à l'atelier, ne voulant pas accepter d'être libérés du travail tant qu'on n'aurait pas acquis l'absolue certitude de l'abondance.

Dans les énormes agglomérations humaines, — Paris, entre autres, — la peur de manquer de produits d'alimentation fut la grande obsession. Afin de parer à cet hypothétique péril, des travailleurs s'enrôlèrent par milliers, pour cultiver la terre, dans les vastes fermes des environs. Ces domaines, les syndicats d'ouvriers agricoles et de maraîchers, — qui pullulaient dans la région et qui, depuis longtemps étaient associés à l'action confédérale, — en avaient pris possession sans délai. Des équipes s'organisèrent auxquelles s'incorporèrent les Parisiens, se laissant guider sans infatuation par les camarades compétents. Dur fut leur travail, — étant donné leur manque d'habitude, — mais il ne fut pas harassant et rebutant comme l'était le labeur agricole d'antan. On eut recours à toute la machinerie utilisable ; défonceuses et charrues automobiles firent merveille. On fit si bien qu'en quelques mois on acquit la certitude de récolter régulièrement assez de légumes, de pommes de terre, de blé, pour suffire aux besoins de la population parisienne.

Comme, d'un autre côté, il n'avait pas été négligé de nouer des relations avec les populations terriennes plus éloignées, on fut pleinement rassuré : d'un bout à l'autre du territoire, — nulle part ! — il n'y aurait crainte de disette.

Pour la production industrielle et manufacturière, les appréhensions furent moindres. On s'attacha à se suffire avec la production nationale, — du moins le plus possible, — afin de n'avoir à recourir à l'exportation que dans une proportion restreinte. Entre autres, il fut pallié à la pénurie de matières premières, — comme les cuirs et la laine, — par le considérable développement de l'élevage, rationnellement organisé, qui satisfaisait en même temps aux besoins d'alimentation carnée.

La transformation des matières premières, en produits industriels et manufacturés, ne présenta pas d'insurmontables difficultés. Le machinisme avait déjà atteint un si haut degré de perfectionnement que, — tel que l'avait transmis la société bourgeoise, — il permit de faire face aux besoins essentiels, sans de graves soucis.

Au point de vue industriel, tous les efforts se concentrèrent pour atténuer — sinon faire disparaître complètement, — la malfaisance des industries dangereuses, des métiers malsains. En la circonstance, avoir réduit la durée du travail était un palliatif insuffisant, — il fallait que la besogne ne fût plus un supplice, une souffrance. C'était nécessaire, afin que ces travaux ne soient pas délaissés, — et surtout, afin qu'il soit établi une équivalence relative entre toutes les besognes sociales, car il était dorénavant inadmissible et inacceptable que les unes soient quasi agréables, tandis que d'autres resteraient, comme par le passé, un travail de galérien.

Les syndicats de ces corporations firent appel à toutes les initiatives, au savoir des professionnels et des ingénieurs. Comme il ne s'agissait plus de mettre des vies humaines en balance avec le prix de revient d'un produit ou d'une besogne indispensable, on arriva à des solutions satisfaisantes.

Il importait peu, en effet, que pour amener au point de consommation un produit quelconque, il faille dépenser le double ou le triple de temps qu'autrefois, pourvu que ce travail ne fût pas néfaste, à ceux qui en avaient pris charge et qu'il s'accomplît dans des conditons d'hygiène acceptables.

En bien des cas, tant en outillage qu'en procédés de fabrication, les transformations à accomplir étaient connues ; il n'y eut qu'à les appliquer. Si cela n'avait pas été fait précédemment, la faute en était aux patrons, qui s'y étaient refusés pour ne pas accroître leurs frais généraux, — et aussi aux ouvriers qui, par accoutumance, manque de réflexion (et, hélas ! sous l'aiguillon du besoin !...) se soumettaient à des besognes qu'ils savaient entrainer rapidement des désordres organiques graves, sinon la mort.

Dans cette voie de l'amélioration technique et hygiénique, on arriva à des résultats considérables. Ainsi, grâce à des agencements scientifiques et à divers procédés et méthodes, le travail des égoutiers n'offrit plus les dangers redoutés ; dans les verreries, le soufflage mécanique et la fabrication également mécanique des verres à vitres furent généralisés et, grâce à des aménagements hygiéniques, ces travaux cessèrent d'être un infernal labeur ; dans l'industrie du fer, de l'acier, dans les usines de produits chimiques, dans les manufactures de tissage, — partout ! — des transformations de même ordre s'opérèrent.

Le travail de blanchisserie qui était resté si primitif, avec les petites boutiques où le triage des linges éparpillait les germes des maladies infectieuses, avec les lavoirs mal agencés et incommodes ; ce travail qui, quand on avait tenté de l'industrialiser, ne l'avait été qu'au détriment de la santé des ouvrières, car il devenait pour elles plus meurtrier encore, — fut modifié de fond en comble.

La panification qui, jusqu'au vingtième siècle, était restée préhistorique, fut bouleversée aussi ; les fournils infects et mal aérés furent supprimés ; le geindre ne mêla plus sa sueur à la pâte, la machine fit le travail du pétrissage.

Maintes autres industries furent également transformées de fond en comble. Aucune branche de l'activité humaine ne fut délaissée ; en toutes, le génie inventif apporta des perfectionnements qui décu-

plaient le rendement et faisaient disparaître toute
trace de servitude de l'homme : il n'était plus l'esclave, mais le maître de la machine !

On mit en application quantité de découvertes
restées en sommeil, — qu'on n'eut qu'à puiser aux
Arts et Métiers ! On assista à une merveilleuse
floraison d'inventions qui n'avaient pu percer précédemment, — étouffées qu'elles étaient par l'indifférence, le mauvais vouloir, la routine ou l'intérêt.

Les grandes compagnies d'exploitation, les gros
capitalistes avaient, en effet, coutume d'acheter les
brevets de perfectionnement à leur machinerie ou
leur outillage pour en éviter l'éclosion. On en eut
une preuve palpable à la prise de possession des
usines parisiennes, génératrices d'électricité : dans
leurs greniers on découvrit, entre autres, toute une
série de compteurs d'électricité, plus perfectionnés
les uns que les autres. La Compagnie en avait acheté
les brevets aux inventeurs, non pour les exploiter,
mais pour les supprimer, afin de s'éviter une réfection de matériel.

Que d'exemples semblables se pourraient citer !
Que d'hommes de génie avaient pâti des entraves
apportées à la réalisation de leurs projets ! Combien
n'avaient pu les mener à bien faute de ressources ?
Combien s'étaient buttés aux haines de leurs contemporains ? Combien avaient succombé en route,
emportant leurs idées dans la tombe ?

Au dix-huitième siècle, Jacquard était pourchassé et son métier mis en pièces et brûlé par les canuts lyonnais qui craignaient pour leurs salaires ; à la fin du dix-neuvième siècle, le métier Northrop était aussi maudit dans les filatures que l'avaient été, un demi-siècle auparavant, les mull-jennys ; quand Lebon trouva l'éclairage au gaz, nul en France n'eut l'intelligence et l'audace de le mettre à même d'appliquer son procédé ; Achereau, inventeur fécond, qui enrichit une pléiade de capitalistes avec la vingtaine de découvertes qu'il fit au cours de sa vie, mourut de faim dans un taudis, à Ménilmontant ; Martin, l'inventeur du frein à vide qui a évité tant de catastrophes de chemin de fer, fut ridiculisé et, tandis qu'il végétait et mourait quasi dans la misère, sa découverte se vulgarisait, sous le nom de frein Westinghouse, — des Américains, auxquels elle rapporta des millions, l'ayant mise en pratique ; l'inventeur génial, le poète merveilleux, Charles Cross, l'inventeur de la photographie des couleurs et du phonographe — qu'exploita Edison, — végéta toute sa vie ; Mimault, l'inventeur du télégraphe « Baudot », mourut au bagne pour avoir tiré un coup de revolver sur le parrain et le profiteur de son appareil...

Et que de noms seraient à ajouter à ce martyrologe !

Ah ! elle avait été une rude marâtre, la société capitaliste, pour les hommes qui sortaient de l'ornière ! Quand elle ne les tuait pas, elle les ridiculisait : ses savants officiels portaient condamnation contre les précurseurs, prouvant à grands renforts d'arguments, qu'ils étaient des déséquilibrés, des fous, — ou des ignorants.

Désormais, il n'en était plus ainsi. L'homme qui avait une idée en tête pouvait, sans entraves, en poursuivre la réalisation. Nul n'ayant intérêt à s'opposer à la mise en pratique de ses projets, tous les concours lui étaient acquis. Si c'était un perfectionnement à une machine, ou bien un procédé nouveau dont il rêvait l'application, il trouvait, parmi les camarades de la corporation, non seulement un appui, mais quelquefois un conseil utile.

La main-d'œuvre ne manquait pas. Non plus la matière première. Tous les essais se tentaient. On ne reculait même pas devant une expérience douteuse, sous le vain prétexte d'éviter un gaspillage de travail et de matériaux. On préférait courir l'aléa d'un échec que s'exposer à négliger une découverte précieuse.

Cette mentalité, née de la révolution, était le contre-pied de la mentalité bourgeoise, qui avait été toute de misonéisme et de conservatisme.

La caractéristique du régime capitaliste avait été la peur du changement, de toute secousse, de toute modification : on se complaisait dans l'immobilisme ; l'ankylose et la pétrification pouvaient être tenues pour l'idéal.

Maintenant, c'était l'opposé ; la plasticité était l'essence du régime ; son équilibre était obtenu par son extrême mobilité ; grâce à ce perpétuel devenir, la société allait être en constante transformation, en progrès indéfini.

Il découlait, de cette saturation du milieu nouveau par la tendance à la variabilité, un idéal de vie plus élevé que jamais.

L'égalité de bien-être n'avait pas engendré la nonchalance et la veulerie et, loin d'avoir tari les sources de l'émulation, elle les avait purifiées. Ceux qui, autrefois, avaient supputé que, si l'appât du gain disparaissait de la société, l'esprit de recherche, d'entreprise, le goût de savoir et de découvrir, en seraient atteints, pouvaient constater combien de telles assertions étaient erronées.

CHAPITRE XXVI

Complications extérieures

La profonde secousse sociale qui transformait si complètement la physionomie de la France, avait eu sa répercussion dans l'Europe entière. Les peuples, incités par l'exemple de la classe ouvrière française, aspiraient à marcher sur ses traces.

Chez les nations latines, la royauté avait été jetée bas, et espagnols et italiens s'efforçaient de brûler les étapes, afin que leur révolution ne soit pas restreinte à une simple modification gouvernementale et pour qu'elle acquière le caractère social qui, seul, pouvait la rendre féconde. Dans les pays saxons, la foi en la grève générale étant moins ardente, les peuples hésitaient à se lancer dans l'aventure.

Les gouvernements qui étaient encore debout, redoutant de ne pouvoir comprimer indéfiniment la poussée émancipatrice, en haïssaient d'autant plus la révolution. Entre eux et le régime nouveau qui s'instaurait en France, les relations diplomatiques avaient été rompues, dès la première heure. C'était normal. Il ne pouvait guère y avoir contacts et rapports entre les organismes économiques, issus de la révolution, — qui étaient la négation de tout gouvernement, — et les excroissances politiques qu'étaient les Etats, aussi bien monarchiques que démocratiques.

Il y avait bien, en France, au sommet du réseau syndical, le Comité Confédéral, formé par les délégués des organisations fédératives. Seulement, l'eût-on voulu, qu'il n'y avait pas d'équivoque possible : ce comité ne pouvait faire figure de gouvernement. Ce fut cependant devant lui que s'évoqua la question des relations diplomatiques avec les gouvernements étrangers. Les maintiendrait-on ? Il fut conclu par la négative. Par contre, il fut convenu de raffermir et de développer les relations antérieurement existantes, entre les fédérations et les confédérations ouvrières de tous pays. Ces décisions avaient reçu l'unanime approbation du congrès confédéral.

Cette solidarité internationale entre les peuples était un besoin d'autant plus pressant que les gouvernements étrangers songeaient à intervenir dans les affaires intérieures de la France. Le prétexte avait été commode à trouver ; n'avaient-ils pas le devoir de sauvegarder les intérêts de leurs nationaux ? D'abord, de ceux établis en France, et dont les commerces et les industries étaient ruinés, et aussi de ceux, porteurs de titres français (rentes sur l'Etat, actions de chemins de fer, de mines et autres) que la faillite financière lésait ?

Les gouvernements s'émouvaient donc par solidarité capitaliste, — tout comme en 1792 leurs prédécesseurs s'étaient émus par solidarité dynastique. Tout comme en 1792, la révolution leur portait ombrage et ils rêvaient de la noyer dans le sang, pour en finir avec son action prosélytique.

L'empereur allemand, qu'appuyait un patronat puissant, solidement organisé et très combatif, prit la tête de la nouvelle coalition, avec d'autant plus d'empressement qu'il sentait le bouillonnement gagner les grands syndicats ouvriers allemands. D'autre part, il était incité à cette offensive contre la révolution française par les émigrés qui avaient pris Strasbourg pour centre de ralliement, et qui se dépensaient en manœuvres réacteuses, quémandant le concours de tous les gouvernements contre leur « patrie ». Contre elle, c'était surtout l'Allemagne et l'Angleterre qu'ils tâchaient d'émouvoir et de mobiliser ; ils rêvaient d'encercler la révolution et ils combinaient de faire concorder l'invasion par terre et l'attaque par mer avec une nouvelle Vendée.

Ainsi, l'histoire se recommençait : Strasbourg répétait Coblentz ! La bourgeoisie du vingtième siècle singeait les aristocrates du dix-huitième et pastichait l'armée de Condé !

Nombreux avaient été les capitalistes qui, aux premiers incidents révolutionnaires s'étaient réfugiés dans la ville rhénane ; nombreux aussi furent les

14.

fuyards qui, après la destruction du camp de Châlons, y prirent leurs quartiers. Il y avait là, de grands financiers ayant partie liée avec leurs confrères d'outre-Rhin ; il y avait les trusteurs de la métallurgie et des mines, associés, eux aussi, avec leurs pareils d'Allemagne ; puis, s'y coudoyait le personnel gouvernemental et parlementaire, ainsi que les familles dynastiques de la république. Derrière eux, s'amassait une horde d'aventuriers, apaches de divers mondes, officiers de fortune, émigrés de tout ordre, qui préféraient continuer à vivre là en parasites que s'adonner au travail.

A tous ceux-là, cette ville, détachée de la France, leur semblait être le meilleur abri : ils s'y sentaient à l'aise, sous les plis du drapeau allemand, — et désormais, le meilleur allié leur paraissait être l'empereur germanique.

De même que les émigrés de 1792 avaient mis au-dessus de la nation la fidélité à leur roi, de même, à l'heure présente, pour les nouveaux émigrés, l'idée de patrie était éliminée par l'idée de classe, — aussi, les capitalistes français trouvaient-ils normal d'en appeler à l'Allemagne capitaliste, contre la France ouvrière.

Aux premières rumeurs des menaces d'intervention étrangère, le Comité Confédéral — qui n'avait aucune qualité pour prendre une décision, — en appela au peuple lui-même, par le canal de ses organismes corporatifs : il convoqua un Congrès général de tous les syndicats.

Cette consultation populaire — qui était la deuxième depuis le nouveau régime, — se fit rapidement. En quelques jours, les délégués étaient choisis et ils se réunissaient à Paris. Il y avait là des délégués de toutes les branches de l'activité humaine. Toutes les professions étaient représentées, toutes étant désormais groupées en fédérations et en syndicats, — et toutes ayant qualité pour discuter et décider des intérêts généraux.

Tous les délégués abhorraient la guerre avec une intense passion. Ils en avaient la haine, — et aussi l'épouvante. Ils la redoutaient, non seulement pour les maux effroyables qui lui font cortège, mais encore — et surtout ! — pour ses pernicieuses conséquences. Ils voyaient en elle un torrent de barbarie qui risquait de ravager la belle harmonie naissante.

Et pourtant, on ne pouvait laisser écraser la révolution ! Il fallait la défendre !

Mais, comment ?

Après d'angoissantes discussions, le Congrès rejeta le projet de défense militarisée, qui eût impliqué un retour vers l'ancien régime. Il considéra que ce serait acheter trop cher la victoire, s'il fallait la devoir à une armée régulière, reconstituée pour la circonstance. Il ne voulut pas, pour se garer d'un péril extérieur, se créer un redoutable péril intérieur.

Il fut donc décidé de ne pas recourir au système ancien, qui consistait à opposer des masses armées et à les précipiter les unes contre les autres. On convint de faire front aux attaques extérieures par une guerre en ordre dispersé, — qui ne serait pas une vulgaire guerre de guerillas, mais une lutte inexorable et sans pitié. Il s'agissait de mettre à profit, pour la défense, les dernières découvertes scientifiques, — en faisant, sans scrupules, litière du prétendu droit des gens.

On partit de ce principe que, plus terribles pourraient être les expédients auxquels on aurait recours, plus efficaces ils seraient, et plus courte serait la guerre.

Des commissions spéciales, composées de techniciens énergiques et audacieux, se mirent à la besogne. La plus grande latitude leur fut laissée et les moyens auxquels ils allaient avoir recours, dont ils posèrent les données, furent approuvés par le Congrès.

Après avoir paré aux mesures de salut public qu'imposaient les menaces de réaction extérieure, le Congrès tint à affirmer son inébranlable confiance en l'avenir par une décision qui prouverait la fécondité de la révolution. Une enquête précise, ayant démontré qu'en tenant compte des réserves nécessaires, le niveau de la production dépassait très largement le niveau de la consommation et qu'il pouvait être satisfait à celle-ci avec un temps de travail beaucoup plus réduit, le taux moyen de la journée fut ramené à six heures, au lieu de huit. Cette décision, en un pareil moment, prouvait combien les confédérés étaient sûrs d'eux-mêmes ; quelle foi était la leur et combien peu les émotionnaient les préparatifs d'invasion qui, en peu de jours, allaient peut-être mettre leur œuvre en péril.

Avec une activité qu'imposait l'éventualité des événements, les Commissions de défense commencèrent leurs travaux. Elles n'avaient d'ailleurs guère à innover. Il leur suffisait de préparer la mise en application de découvertes déjà connues, — même par le gouvernement ancien, qui n'avait osé songer à leur application, parce qu'il les jugeait trop redoutables.

L'une de ces commissions s'occupa de l'utilisation des ondes hertziennes. Déjà, en 1900, Gustave Lebon avait indiqué tout le redoutable parti qu'on pouvait tirer de leurs propriétés : ce savant annonçait alors que, dans un avenir proche, il serait possible de diriger, à distance, sur les vaisseaux de guerre, des faisceaux électriques assez puissants pour provoquer spontanément l'explosion des obus et des torpilles accumulés dans leurs flancs ; qu'il serait également possible d'obtenir, — toujours d'un point éloigné, — la déflagration de la provision de poudre et d'obus contenue dans une forteresse ; celle des parcs d'artillerie d'un corps d'armée et celle des cartouches métalliques des soldats dans leurs gibernes. Quelques années plus tard, à la suite de la catastrophe du cuirassé *Iéna*, un savant de La Seyne, M. Naudin, passait de la théorie à la pratique et, pour le compte du gouvernement, il réalisait le premier les prévisions de Gustave Lebon : en 1908, il parvenait à faire exploser à distance une caisse de poudre.

On était arrivé, dans cette voie, à des réalisations stupéfiantes et d'une puissance incomparable : on parvenait à faire déflagrer, avec une précision mathématique, — et à distance, — des amas de matières explosibles, enfouies dans le sol ou enfermées dans les cales des navires. La commission vulgarisa cette formidable découverte et, de suite, on construisit en quantité suffisante les appareils de radio-détonation, afin d'être prêts à tout événement.

Dans le même ordre de faits, la commission appliqua à des torpilles aériennes les procédés de direction, par les ondes hertziennes, appliqués déjà aux torpilles sous-marines. On construisit une flottille d'aéroplanes pouvant, chacun, emporter quelques centaines de kilos d'explosifs qui, par un déclanchement radio-automatique, seraient précipités à terre au point voulu.

Ces torpilles aériennes étaient actionnées par un moteur à essence et dirigées dans les airs avec le clavier Gabet : l'opérateur, installé à plusieurs kilomètres du but à atteindre, lançait l'aéroplane télémécanique et, appuyant sur les touches du radiocombinateur, il le faisait manœuvrer, virer, aller en avant, en arrière. Quand l'appareil était parvenu au point fixé, l'opérateur appuyait sur une touche spéciale du clavier et la provision d'explosifs de la torpille aérienne était détachée.

Cet engin avait une supériorité redoutable : lorsqu'il planait au-dessus d'un camp, la plus grande des imprudences, pour l'armée qu'il menaçait, était de chercher à arrêter sa course... ce qui ne pouvait avoir qu'un résultat, — hâter la catastrophe explosive !

Une commission d'études chimiques et microbiennes s'adonna à des travaux de protection, dans un ordre différent, — mais dont on devait attendre des résultats plus terrifiants encore : il s'agissait d'infecter les armées d'invasion, — bêtes et gens ; de leur inoculer la peste, le typhus, le choléra... et ce, en les contaminant grâce à des préparations redoutables, saturées des bacilles pathogènes de ces virulentes maladies épidémiques. Toutes les précautions furent prises pour se garer des répercussions fâcheuses, grâce aux sérums préservatifs et guérisseurs dont on disposait.

La mise en pratique de cet effrayant moyen d'extermination fut combinée de diverses manières, — soit en répandant dans les eaux, que devraient forcément boire les armées d'invasion, des produits gélatineux ou autres, ensemencés de bacilles, — soit en lançant sur l'armée ennemie, du haut d'aéronefs montés, ou par le moyen des aéroplanes radio-dirigeables, des bombes en verre qui exploseraient en éparpillant avec violence des fines aiguilles dont la piqûre inoculerait les bacilles infectieux.

Ces procédés de défense et d'extermination étaient, nous l'avons dit, connus antérieurement. Mais les gouvernements s'étaient toujours refusés à en envisager sérieusement l'application. Ils entendaient garder, même sur les champs de bataille, des apparences de civilisation... des apparences seulement ! Car il y avait davantage de véritable barbarie à lancer des milliers d'hommes les uns contre les autres, qu'à employer ces redoutables procédés.

Grâce à ces moyens, la guerre fut devenue impossible ! Or, les gouvernements tenaient à conserver la guerre, — car la peur de la guerre était, pour eux, le meilleur des artifices de domination. Grâce à la crainte de la guerre, habilement entretenue, ils pouvaient hérisser le pays d'armées permanentes qui, sous prétexte de protéger la frontière, ne menaçaient, en réalité, que le peuple et ne protégeaient que la classe dirigeante.

Le jour où on eût su qu'une poignée d'hommes décidés pouvaient s'opposer à la violation d'une frontière, — ce jour-là, l'opinion publique eût imposé la suppression des armées permanentes. Pour éviter d'être acculés à cette alternative, les gouvernements tinrent secrètes et étouffèrent le plus qu'ils le purent les inventions qui eussent permis à un peuple de protéger son indépendance territoriale, grâce à la science, — et mieux qu'avec une armée.

Ce qu'avaient refusé d'envisager les gouvernements, les confédérés allaient le tenter : sans armée, sans se battre, — rien que par l'action d'une infime minorité, — ils allaient rendre leurs frontières inviolables !

Les procédés de défense auxquels ils allaient avoir recours, les confédérés décidèrent de ne pas les tenir cachés. En les rendant publics, les gouvernements seraient avisés de la réception qu'on préparait aux envahisseurs. Il y avait, en outre, à cette publicité un autre avantage : celui de faire connaître aux masses populaires de l'étranger qui consentiraient à coopérer au crime d'invasion à quels risques elles s'exposaient.

Des manifestes, en toutes langues, furent donc lancés, avisant que, dorénavant, il était constitué à la frontière française, une zone dangereuse, qu'il était interdit à toute bande armée de franchir sous peine de mort.

CHAPITRE XXVII

La dernière guerre

Trois corps d'armée pénétrèrent simultanément sur le territoire français : l'un déborda sur les plaines de Flandre, l'autre s'avança sur Nancy, le troisième sur Vesoul.

Ces corps d'armée étaient formés de soldats allemands, autrichiens, anglais, de hordes cosaques et de quelques bataillons fournis par les royaumes balkaniques et ceux du nord.

Les gouvernements alliés avaient une telle certitude d'écraser sans efforts la révolution qu'ils ne s'étaient pas hâtés d'agir contre elle. Ils entendaient donner de la solennité à la répression. Ils la voulaient exemplaire. Ils voulaient que le châtiment infligé à la classe ouvrière de France fût tel qu'il glaçât tous les peuples d'épouvante et étouffât en eux, et à jamais, tout désir de révolte. Et c'était pour apporter au ravage de la France révolutionnaire davantage de lugubre apparât que les coalisés avaient tenu à ce qu'il fût l'œuvre collective des armées d'Europe.

La concentration des troupes avait été longue. Les militaires qui avaient la direction des opérations ne s'en étaient pas émus ; ils ne considéraient pas le temps comme précieux, — tellement ils étaient convaincus du succès. Ils s'étaient lourdement moqués des délibérations du Congrès confédéral et les travaux du quarteron de savants qui prétendaient arrêter la marche des plus réputés guerriers d'Europe leur. étaient occasion de continuelles plaisanteries. Ils n'ignoraient pas les découvertes qui faisaient la confiance des confédérés ; mais, orgueilleux de leur métier, ils considéraient que rien n'était supérieur à une forte armée.

Quand ils jugeraient l'heure propice, annonçaient-ils avec hauteur, ils donneraient le signal de l'invasion : en quelques chevauchées, ils entreraient à Paris et, après avoir purgé la capitale des révolutionnaires, ils rétabliraient l'ancien régime.

L'invasion commencée, les états-majors de l'armée coalisée se moquèrent d'abord. Ils l'avaient franchie la frontière ! Ils campaient sur la fameuse zone dangereuse ! Et ils ne s'en portaient pas plus mal... La mort ne les avait pas frappés !

Ces bravades firent bientôt place à de l'étonnement, — nuancé d'une pointe d'inquiétude, qui allait considérablement grandir. Malgré qu'ils fussent avertis, les généraux avaient tellement chevillé en eux les méthodes usuelles de la guerre qu'ils s'attendaient à rencontrer une résistance, — si faible fût-elle... Or, rien ! rien ! ne se dressa devant eux. Nulle troupe ne leur barra le passage. Les forts qui, autrefois, gardaient la frontière, restèrent silencieux, — la plupart avaient été démantelés par les révolutionnaires eux-mêmes !

Par contre, la marche en avant était contrariée et rendue difficile par des obstacles variés. Il ne fallait pas songer à utiliser les voies ferrées ; outre que les ponts étaient coupés, les tunnels obstrués, il avait été profité de chaque accident de terrain, — tranchée ou remblai, — pour les rendre plus impraticables encore. Les routes n'avaient pas moins souffert : de place en place, des explosions les avaient défoncés ou encombrés, soit de rochers, soit de troncs d'arbres amoncelés.

L'eau manquait. Les puits et les sources étaient infectés ; les ruisseaux et les rivières roulaient des eaux chargées de produits chimiques nauséeux et nocifs.

La population entière s'était repliée, — non sans avoir emmené son bétail et détruit les provisions et les récoltes qu'elle ne pouvait emporter.

C'était pis que le désert ! Devant eux, les envahisseurs ne rencontraient que ruines et dévastation. Il leur était impossible de s'enfoncer profondément dans le pays ; avant d'aller loin et vite, il leur fallait assurer leurs communications et le ravitaillement.

Cette guerre s'annonçait étrange !

Tellement étrange qu'au bout de quelques jours, sans avoir vu un ennemi, ni tiré un coup de fusil,

— simplement sous le poids de l'incertitude et de l'anxiété, — les soldats se trouvèrent plus démoralisés que s'ils eussent supporté le choc d'une bataille, entendu siffler les balles et éclater obus et shrapnels.

D'ailleurs, l'état sanitaire des camps commençait à décliner. Les chevaux avaient été les premiers atteints par des maladies épidémiques, qui les terrassaient rapidement. Quant à la santé des hommes, elle laissait de plus en plus à désirer ; malgré les sévères mesures d'hygiène prescrites, de nombreux cas d'empoisonnement avaient été constatés.

Un matin, dans le gris de l'aube, planèrent, au-dessus de camps, des aéronefs, — dorés par les premiers rayons du soleil levant. L'alarme fut vite donnée ; les canons se pointèrent sur eux et les dirigeables coalisés se préparèrent à leur donner la chasse. Sans se préoccuper de ces dangers, les équipages des aéros éparpillèrent des milliers de manifestes, rédigés en diverses langues. C'était l'ultimatum confédéral : un délai de vingt-quatre heures était accordé aux armées alliées pour lever leurs camps et battre en retraite ; puis, il était intimé aux états-majors, au cas d'acceptation des conditions confédérales, de hisser le drapeau blanc à l'aube prochaine... Au cas contraire, l'œuvre de destruction commencerait, — par les moyens qu'indiquait l'ultimatum.

Durant toute la journée, les appareils de télégraphie sans fil fonctionnèrent, entre les armées d'invasion et les gouvernements coalisés. Ceux-ci s'indignèrent qu'on pût songer à désarmer et à battre en retraite devant la révolution et ils ordonnèrent que la pénétration fût poussée plus activement.

Quand les troupes surent que l'invasion allait continuer, à l'inquiétude qui les poignait succéda une prostration de terreur ; elles se sentirent vouées à la mort ! Il y eut, chez beaucoup de soldats, de l'indignation et de la colère. Mais, comme dans leur pays la propagande antimilitariste avait été très anodine, ces sentiments s'exhalèrent en malédictions et ne se condensèrent pas en révolte. La discipline l'emporta, et les malheureux, apeurés, stupéfiés, attendirent les événements, qui ne tardèrent pas à se produire.

Au matin, les ballons captifs qui guettaient au-dessus des camps, signalèrent la présence, à quelques kilomètres, d'installations insolites, rappelant celles de la télégraphie sans fil. Il en fut référé aux officiers supérieurs ; mais, avant qu'il eût été possible de prendre des mesures de reconnaissance ou de protection, l'action destructive commençait.

Sans qu'aucun trouble atmosphérique ait donné l'éveil, de formidables explosions ravagèrent le sol. Le terre trembla, fut secouée, éventrée ! On eût dit un volcan vomissant fer et flammes. C'étaient les parcs d'artillerie et les dépôts de munitions qui éclataient spontanément, — presque simultanément. Aux détonations des obus, se mêlaient les pétarades des shrapnels et les crépitements des cartouches. En même temps, on vit, souples et sveltes, s'avancer dans les airs les aéroplanes télé-mécaniques ; ils arrivaient, graciles, avec une aisance parfaite. Lorsqu'ils furent parvenus au-dessus des troupes, et à l'instant jugé propice par les opérateurs installés au loin, le déclanchement radio-automatique déversait sur la plaine des bombes asphyxiantes, emplies d'acide prussique et de subtils poisons, ainsi que des bombes et des obus explosifs d'une puissance brisante formidable.

Un ouragan de fer et de feu s'épandit sur le camp, portant partout l'épouvante et la mort. Les victimes furent innombrables. Les tués et les blessés jonchaient la terre, d'où s'élevaient râles et cris de douleurs. Les soldats indemnes, fous de peur, n'entendant et n'écoutant rien, — ni les appels à la pitié des blessés, ni les ordres de ralliement des quelques officiers ayant conservé leur calme, — couraient, piquaient droit devant eux, une seule pensée surnageant dans leur cerveau détraqué : fuir ! fuir ! s'éloigner vite de cette scène de désolation.

Ce fut la retraite ! La débandade, la déroute...

En un pêle-mêle désordonné, ce qui restait des armées roulait vers la frontière. L'instinct de conservation avait aboli, dans ces cohues, tous autres sentiments. Ce n'était que cris sauvages, ruées de colère. Malheur à qui eût tenté d'enrayer ou d'endiguer cette débâcle.

La panique s'accentua encore, atteignit au paroxysme de la terreur quand les fuyards entrevirent, planant au-dessus d'eux, les aéronefs des confédérés. Des clameurs folles, des hurlements de détresse s'élevèrent, — dans l'angoisse que ces navires aériens ne fussent là pour semer les épidémies effroyables annoncées...

C'eût été cruauté et barbarie inutile. La leçon était suffisante !

.

Tandis que, sur terre, ces dramatiques catastrophes mettaient fin à la guerre, sur mer, la destruction des flottes coalisées s'opérait par d'identiques procédés.

Ces flottes avaient mis à se concentrer autant de lenteur que les armées de terre. Aussi, quand elles arrivèrent en vue des ports français, ceux-ci étaient sur la défensive, — munis des postes de radio-explosion.

Les escadres alliées furent, comme les armées de terre, sommées de se retirer. Leurs amiraux refusèrent d'obtempérer à l'ultimatum confédéral, avec d'autant plus de dédain qu'ils se savaient formidablement outillés : ils avaient à leur disposition des torpilles radio-automatiques et les énormes canons de leurs cuirassés portaient loin !

Encore fallait-il qu'ils eussent un ennemi à attaquer. Or, ni cuirassé, ni torpilleur, ni sous-marin ne vint barrer la route aux assaillants...

Les flottes coalisées resserrèrent le blocus. C'est alors qu'impitoyablement fut accomplie leur destruction.

Les uns après les autres, — sans qu'aucune ride de l'air ait dénoté le passage des ondes exterminatrices, — les cuirassés colossaux, les croiseurs et les torpilleurs furent frappés par l'invisible force. Les redoutables décharges radio-électriques, concentrées sur leurs soutes, firent déflagrer les explosifs qui y étaient accumulés. Avec un fracas de tonnerre, craquèrent et s'entr'ouvrirent les flancs des navires, d'où jaillirent de colossales gerbes de feu.

Puis, après la fulgurance lumineuse de l'explosion, tout retomba au silence et les débris des vaisseaux, ainsi que leurs malheureux équipages, coulèrent à pic.

A l'annonce de cette gigantesque destruction, qui les frappait sur terre et sur mer, les gouvernements furent atterrés. Ils sentirent passer sur eux le frisson glacial de la mort, tandis que sur les peuples, réconfortés et encouragés, soufflait un vent chaud de révolte.

Mieux qu'au soir de Valmy furent alors de circonstance les paroles prophétiques de Gœthe : « Ici commence pour l'histoire une ère nouvelle... »

CHAPITRE XXVIII

Les productions de luxe

Le souci de résister, au dedans, aux assauts des réacteurs, de même que celui de faire face aux dangers venant de l'extérieur, n'avait pas déprimé les individus, — ne leur avait pas fait ignorer ou dédaigner les préoccupations d'ordre intellectuel.

Malgré l'âpreté des luttes et malgré les obstacles, la révolution s'affirmait attrayante, nullement rébarbative.

Quand fut acquise la certitude que le nécessaire abonderait, que chacun mangerait à sa faim, on se reprit à songer à l'agrément de la vie qu'est le luxe. Il avait été négligé aux premières heures. Les ouvriers d'art avaient délaissé leurs professions pour s'adonner à des besognes plus immédiatement utiles. La crise passée, ils revenaient à leurs occupations, — au fur et à mesure que se produisaient les demandes.

Il y eut naturellement dans ces métiers, — ciseleurs, orfèvres, bijoutiers, décorateurs, — une fluctuation dans le niveau de la production plus grande que dans ceux qui avaient à répondre à des besoins primordiaux. Dans ceux-ci, les statistiques évaluaient, avec une approximation suffisante quelle serait la quantité des demandes, tandis que, dans les industries de luxe, il y avait une marge d'imprévu, conséquence de l'engouement possible pour certains objets. Les organisations syndicales de ces diverses branches firent face à ces conditions particulières, soit en recourant à l'envoi de spécimens, dans les magasins de répartition, soit en dressant des catalogues. Ensuite, les demandes étaient exécutées, au fur et à mesure de leur affluence.

Parmi ces productions de nécessité secondaire, il était des objets, — montres, horloges, lampes, etc., — entrant dans la catégorie de la consommation gratuite et qui, cependant, pouvaient être incorporés dans la catégorie de la production rationnée, soit qu'ils fussent de métal rare, soit qu'ils aient exigé une durée de travail telle qu'il n'y avait pas possibilité de les produire en abondance. En ce cas, ces objets acquéraient une valeur qu'on établissait d'après la quantité du métal rare et le temps de travail qu'ils incorporaient. On n'arrivait qu'à une approximation, mais elle était tenue pour satisfaisante, car on n'avait plus le souci d'obtenir une exacte fixation de la valeur. C'était là un problème de l'ancien temps, qui avait rejoint la recherche de la pierre philosophale.

Outre ces industries, qui conservaient encore un

fonds d'utilité, les ouvriers d'art s'adonnaient, suivant les demandes, à des travaux de luxe, œuvrant pour la joie des yeux, pour satisfaire aux goûts variés d'une population de plus en plus affinée.

Les objets de production rationnée étaient délivrés, à ceux qui en faisaient acquisition, en échange de bons de consommation de luxe auxquels, nous l'avons indiqué, par simple commodité, on avait conservé la division numérique en francs, — quoiqu'elle ne répondît plus à rien.

Cette fabrication d'objets de luxe et rationnés n'impliquait pas, pour les ouvriers qui y collaboraient, une rémunération différente de celle dévolue à tous : ils recevaient, comme les autres travailleurs, leur carte de gratuité et leur carnet de bons pour la consommation rationnée.

Les rapports de producteur à consommateur étaient donc, — ici comme en tout, — des rapports d'égalité et de solidarité : il y avait, entre les uns et les autres, simple échange de services. Le « chèque social » n'intervenait que pour fixer l'importance de l'échange effectué, — en noter le point d'équilibre ; mais il n'établissait pas, comme autrefois la monnaie, un bénéfice au profit de l'un des contractants, — bénéfice qui avait pour contre-partie un déficit supporté par l'autre des contractants.

Ce mécanisme d'organisation, qui dosait l'usage suivant les possibilités du moment et, grâce au rationnement, établissait une balance dans la jouissance de luxe, fut appliqué à divers services, — entre autres, au fonctionnement des théâtres.

Artistes et personnel de tout ordre, qui collaboraient à un degré quelconque à la vie du théâtre, s'étaient syndiqués et fédérés et, — de même que dans toute branche sociale, — l'organisme corporatif assurait le fonctionnement des salles de spectacle.

Là, pas plus qu'en aucune profession, il n'y eut de prérogatives attribuées au talent : la rémunération était, pour tous, égale à ce qu'elle était dans les autres corporations. Cette égalité de traitement, ce nivellement social qui élevait les déshérités à l'aisance, offusqua certains professionnels de la scène, qui se fussent accommodés de n'importe quel régime, à condition que les comédiens y fussent en vedette et privilégiés ; ils s'indignèrent, clamèrent que l'ère de barbarie s'ouvrait et, liant partie avec les « ci-devant », ils émigrèrent.

Ces cabotins et cabotines, confits en vanité, étaient plus férus de gain que de passion artistique. Quant aux vrais artistes, — ceux qui voyaient dans le théâtre, non pas l'exhibition p˙ ou moins cotée, mais l'art simple et vrai, — ils restèrent avec le peuple : ils sacrifièrent l'or et s'assimilèrent au milieu nouveau.

L'ancienne organisation des théâtres fut, naturellement, complètement modifiée. Directeurs, commanditaires, actionnaires, étaient des produits du régime capitaliste ; ils s'effondrèrent avec lui. Avec le commercialisme disparut un genre de spectacles qui ravalait le mot d'art et n'avait d'autre visée que d'atteindre au succès financier par des procédés qui n'étaient guère moins que grossiers. Dès qu'on ne joua plus pour la recette et dès que le public ne fut plus attiré aux salles de spectacles par des manœuvres réclamistes, son goût, jusque-là artificiellement dévoyé, se clarifia.

Des compagnies d'artistes se formèrent, suivant les genres et les spectacles, — musiciens, dramaturges, chanteurs, — se recrutant par affinités et formant des équipes qui vivaient d'une vie commune et faisaient campagne sur une scène donnée. Les théâtres, devenus propriété sociale, étaient mis gratuitement à leur disposition, de même que tout ce qui était accessoires, décors et costumes. Quand il s'agissait de renouveler un matériel, de monter un spectacle nouveau, le groupe du théâtre, — soit directement, soit par l'entremise de son syndicat, — s'abouchait avec les groupements des professions compétentes et obtenait ce qu'il désirait. Du moins, il en fut ainsi lorsque toute sécurité pour l'avenir fut acquise. Précédemment, dans la période d'incertitude et de transition, quand on redoutait de manquer du nécessaire, on négligea le superflu, et les théâtres durent se suffire avec les stocks en magasins.

Les représentations étaient soumises à une taxation, versée en « bons » de luxe. Cette « recette » n'était pas pour rémunérer la troupe ; ces « bons » étant unilatéraux, ils n'étaient jamais qu'un moyen de consommation et non d'échange ; en la circonstance, ils faisaient l'office de billets de théâtre, et non de monnaie. Cependant, cette « recette » avait une utilité : elle marquait le degré de plaisir que le public trouvait à tel ou tel spectacle et elle était considérée comme compensant la rémunération reçue par le personnel du théâtre. Il eût été anormal, en effet, que ce personnel travaillât à vide et s'adonnât à une besogne dont l'indifférence du peuple eût marqué l'inutilité.

A côté de ces compagnies théâtrales, qui organisaient régulièrement des spectacles et en faisaient profession, se développa ce qu'autrefois on appelait le théâtre d'amateurs. Peu à peu, il se généralisait et, peut-être, arriverait-il à annihiler le théâtre professionnel.

C'était la conséquence de la réduction de la durée du travail, dû à la société. Avec sa durée, déjà réduite, — et qui avait tendance à l'être plus encore, — chacun avait des loisirs et les employait selon ses goûts, ses aspirations, ses aptitudes.

Le manque de moyens, le manque de salles et de décors qui avaient autrefois infériorisé ces groupes d'amateurs n'existaient plus ; ils avaient les mêmes facilités de monter un spectacle que les compagnies de professionnels. Il ne s'élevait d'ailleurs pas de rivalités mesquines entre ces divers groupements ; le germe des conflits, le mercantilisme, étant radicalement extirpé, leurs relations étaient aussi cordiales que les vanités artistiques qui perçaient encore le permettaient ; les professionnels ne redoutaient pas la concurrence des amateurs et, s'entr'aidant les uns les autres, ils vivaient en camaraderie.

Les productions littéraires étaient assurées par des procédés de même ordre : des syndicats de littérateurs, de journalistes s'étaient constitués qui, eux aussi, participaient sur pied d'égalité à la vie nouvelle.

Durant la période de bataille, les journaux avaient constitué un excellent outil de vulgarisation, — dont les révolutionnaires avaient usé largement. En leurs mains, les quotidiens avaient été assainis et ils avaient rempli franchement la fonction à laquelle ils étaient destinés : colporter les nouvelles, véhiculer les informations et les événements.

Cette fonction, dans la société capitaliste, les journaux s'en étaient acquittés d'une manière presque toujours néfaste, — certains avaient même atteint le summum de la malfaisance ; créés par le capital, ils vivaient par lui et pour lui ; les rois de la finance s'en servaient pour leurs spéculations et leur moindre mal était d'induire le peuple en erreur.

La période transitoire révolue, les quotidiens n'avaient plus de raison d'être dans leur forme ancienne. Leur multiplicité était une anomalie, puisqu'il n'y avait plus d'affaires à soutenir, plus de publicité à diffuser, — puisqu'il ne s'agissait que d'informer loyalement la population, de soumettre à son appréciation et à son jugement les événements qui se déroulaient au jour le jour.

Le mécanisme des quotidiens fut donc révolutionné de fond en comble : le journal ne fit qu'un avec les agences d'information télégraphique et téléphonique, qui s'unifièrent et s'amalgamèrent à lui.

Grâce à des installations de télégraphie et de téléphonie, combinées avec des procédés d'impression et de photographie à distance, le service des informations transmettait dans toutes les directions les nouvelles qui lui parvenaient.

Dans les salles d'attente des gares, dans les restaurants, dans les lieux de réunions, dans les clubs, aux carrefours, — partout où on le jugeait utile, — des appareils de réception étaient installés et, au fur et à mesure, les événements s'imprimaient, se photographiaient, s'inscrivaient lumineusement, se criaient par la voix des téléphones. C'était le journal à publication ininterrompue.

En plus de cette gazette permanente, qui, à toute heure, à toute minute, mettait les événements sous les yeux de tous, des éditions imprimées paraissaient, dont le service gratuit était fait à tous les organismes sociaux, aux bilbliothèques, aux clubs, aux salles publiques.

Les particuliers pouvaient, par une dépense en « bons » de luxe, s'abonner, soit aux éditions imprimées, soit à la gazette permanente. En ce dernier cas, des appareils récepteurs étaient installés chez eux et la transmission imprimée et photographique se continuait sans arrêt, tandis que la transmission orale était enrayée ou établie, au gré de l'abonné, par la manœuvre de commutateurs.

Outre cette publication, de nombreux journaux et revues paraissaient, littéraires, philosophiques, scientifiques, sociologiques ou autres, édités par des personnalités ou des groupes. La question de la liberté de la presse ne se posait pas, — le champ de la critique était illimité.

Le mécanisme de ces publications était simple : les initiateurs recrutaient des abonnés, qui souscrivaient en bons de luxe, — ou bien, avec leur part personnelle de « bons », ils faisaient les premiers frais. S'il affluait assez d'abonnés pour que soient équilibrés les frais de la publication, celle-ci continuait. Il advenait même que le ou les éditeurs de ce journal ou de cette revue s'adonnent entièrement à l'administration de leur œuvre, si le nombre des abonnés croissait suffisamment. Ils sortaient alors de leur syndicat professionnel et s'incorporaient dans les syndicats de journalistes ou de littérateurs. Leur rémunération sociale ne variait pas avec ce changement, — ni même avec le succès de leur publication ; tout au plus pouvaient-ils obtenir le remboursement des bons de luxe qu'ils avaient personnellement avancés pour garantir les premiers numéros. La seule chose qui leur était possible, si le nombre des abonnés grandissait au point de dépasser la marge des « frais », c'était d'améliorer la publication. Mais, si les initiateurs de ces publications particulières ne recevaient pas de rémunération plus élevée que quiconque, ils avaient le plaisir de répandre leurs idées, de divertir, d'intéresser, de passionner leurs contemporains.

La publication des ouvrages divers, romans, poésies, œuvres de science, d'histoire et autres s'effectuait à peu près de même manière : les syndicats du livre se chargeaient de l'édition et ces ouvrages, outre une large diffusion gratuite dans les groupements et les bibliothèques, étaient mis en vente, dans les magasins et dépôts sociaux, comme produits de luxe. Souvent l'auteur devait, de ses personnels « bons », couvrir les frais d'impression de son œuvre, — quitte à en recevoir remboursement au cas de succès. D'autre part, il advenait aussi qu'il pût, pendant un temps proportionné à l'importance de ce succès, s'abstenir de sa fonction sociale, ce qui lui permettait de s'adonner complètement à l'élaboration d'une œuvre nouvelle.

Grâce à cette organisation de la production littéraire, d'art et de luxe, les œuvres nouvelles se faisaient jour sans que leurs auteurs aient à lutter contre l'hostilité ambiante ; sans qu'ils aient à surmonter routine et préjugés, sans calvaire à gravir. C'est que, nulle barrière ne se dressait entre elles et le public. Il y avait chez les individus et dans les groupements une souplesse et une largeur de vues qui les ouvrait aux idées originales, aux souffles nouveaux ; à la zizanie succédait la camaraderie et, de partout émanait une bienveillance sereine.

On eût eu tort d'en conclure à une considérable amélioration de l'être humain. Cette modification était une question de milieu. Les hommes n'étaient ni meilleurs, ni pires ; ils étaient, tout comme avant, ni bons, ni mauvais. Tant qu'ils avaient évolué dans une société où l'intérêt personnel incitait aux gestes mauvais, ou le bien de l'un était tissé du mal du voisin, la vie avait été une âpre lutte, et tout le mauvais de la bête humaine avait crevé à fleur de peau. Désormais, il y avait transposition : le milieu social était tel que l'intérêt de chacun trouvait sa satisfaction dans la satisfaction de celui de ses semblables ; plus tous étaient heureux, plus chacun l'était. Il était donc naturel que les gestes bons dominassent, puisqu'ils étaient seuls créateurs de bien-être, de joies, de plaisirs.

Aussi, de plus en plus, chacun se dépensait sans compter, — sans se préoccuper du rendement qu'il obtiendrait en compensation de son effort.

Cette évolution se marqua par le développement que prirent les groupes d'affinité qui, — comme nous l'avons indiqué à propos du théâtre, — se formèrent à côté des groupements professionnels et en dehors des besognes corporatives dont ils ne dispensaient pas. Il en naissait des quantités, qui se créaient dans les buts les plus divers. Les uns s'attachaient à une besogne artistique ou littéraire ; d'autres se consacraient aux recherches les plus variées, — scientifiques, linguistiques, historiques, archéologiques...

Ces agrégats pullulaient tant qu'on pouvait prévoir le moment où, grâce à l'initiative, l'activité, l'effort de leurs affiliés, la majeure partie des fonctions d'art et de science perdraient le caractère professionnel et seraient assurées, une fois le travail social accompli, par des associations de volontaires qui y trouveraient agrément, délassement et satisfactions intellectuelles.

Cette tendance était d'autant plus logique que la limite d'âge de travail, aux environs de la cinquantaine, libérait l'être humain à une période où ses facultés, loin d'être éteintes, conservaient encore fraîcheur, lucidité et vigueur.

Une vie nouvelle s'ouvrait pour les retraités. Quoique dispensés de leurs fonctions corporatives, ils ne

pouvaient se résoudre à l'inactivité ; leurs muscles
et leurs cellules cérébrales avaient besoin, pour éviter l'ankylose et conserver à l'organisme son parfait équilibre, de se livrer à des exercices, tant physiques qu'intellectuels. Il leur était loisible de satisfaire à cette nécessité, soit en participant aux besognes des groupes d'affinité qui répondaient le mieux
à leurs tempéraments et à leurs penchants, soit en
se mêlant davantage à la gestion syndicale.

Celle-ci, en effet, s'effectuait par libre consentement, par délégations acceptées aux assemblées générales, aux divers comités syndicaux, fédéraux, confédéral, sans que ces délégations impliquassent dis-
pense de travail. On avait évité avec soin toute
reconstitution bureaucratique, qui aurait eu l'inconvénient d'immobiliser un certain nombre de personnes en les isolant de l'activité productrice et
aurait risqué de cristalliser l'organisme social, au
lieu de le maintenir en permanent travail d'évolution et de progrès. Les fonctions syndicales n'impli-
quaient par conséquent pas une rémunération particulière. S'y adonnait qui en avait la passion.

Chacun pouvait d'autant mieux faire face aux
besognes de statistique, de coordination des données
de la production, de la circulation et de la consommation, que le travail corporatif laissait des loisirs.
Il avait donc été possible, sans créer une catégorie
spéciale de fonctionnaires, de faire face aux besognes de gestion sociale, et ceux qui, bénévolement,
en acceptaient la charge s'en acquittaient facilement, avec la continuité et la régularité indispensables.

CHAPITRE XXIX

Art et religion

La révolution avait réalisé un prodige qui, jusqu'à son triomphe, avait paru aussi fantasque à rechercher que la quadrature du cercle, — la fusion des opinions.

La réconciliation s'était accomplie sur le terrain économique et l'effondrement de toute la superstructure étatiste avait cimenté cet accord, l'avait rendu indissoluble. Les hommes en venaient à rire de leur folie passée. Ils s'étonnaient d'avoir pu se haïr tant, se persécuter si âprement, sous le vain prétexte de conceptions politiques discordantes.

Le même phénomène se constatait en matière religieuse. L'apaisement s'était fait. Le désaccord des croyances individuelles ne mettait plus les hommes aux prises. Ils avaient cessé de s'invectiver à propos de divergences philosophiques, métaphysiques ; ils ne s'exécraient plus parce que leurs conceptions sur l'univers et le problème de la vie et de la mort étaient opposées.

Aussi, plus lointaines encore que les querelles politiques, plus profondément ensevelies au néant de l'histoire, apparaissaient les époques de barbarie au cours desquelles les hommes s'étaient entre-tués au nom de la religion.

Cette harmonie idéologique, cette pacification intellectuelle découlaient de l'agrégat social et non des vouloirs individuels. La révolution, après avoir brisé les formules et les dogmes, n'en avait imposé aucun. Elle s'était bornée à déblayer le terrain et arracher l'ivraie, afin que poussât le bon grain. Et il avait poussé dru ! Le principe de respect humain et d'égoïsme purifié, qui était l'esprit et la force attractive de la révolution, en même temps qu'il avait créé le bien-être, avait réalisé cette accalmie sereine, dans le domaine intellectuel et moral, — accalmie qui n'excluait pas l'efflorescence variée des doctrines.

La révolution, nous l'avons vu, s'était surtout attaquée aux institutions. En cela, elle s'était différenciée des révolutions antérieures, — et c'est ce qui lui avait donné son caractère social.

Elle avait tenu pour inoffensifs les privilégiés, une fois débarrassés de leurs privilèges, — pour aussi peu dangereux que des crotales auxquels ont été arrachés les crocs à venin.

Elle avait frappé l'Etat dans ses organismes, — et elle avait oublié le rôle néfaste de son personnel, quand il avait accepté de rentrer dans le rang, de se régénérer par le travail.

Elle frappa également l'Eglise dans ses œuvres

vives, dans les monuments où se cristallisait son œuvre de mal et de perversité. Il fut agi à son égard comme envers toutes les puissances du passé : ses richesses revinrent au peuple, et ses prêtres durent se mettre au travail, — leur parasitisme étant aussi incompatible que tout autre avec la nouvelle organisation.

Certes, quand éclata la révolution, l'Eglise paraissait déchue de sa puissance ; le régime de la séparation semblait l'avoir affaiblie. L'indifférence en matière religieuse imprégnait les jeunes générations. Malgré cela, le peuple se souvenait qu'elle fut la source originelle de toute servitude, — que l'Etat n'avait été que son frère cadet, — aussi n'eut-il pas l'imprudence de la traiter avec dédain.

Cependant, il y eut chez les révolutionnaires deux courants, non à l'égard de l'attitude qu'il convenait d'observer envers l'Eglise en tant que caste privilégiée, — sur ce point l'accord était unanime : mais sur ce qu'il convenait de faire à l'égard des monuments cultuels.

Les uns considéraient les églises, les cathédrales, comme pouvant être utilisées de diverses manières, — soit comme salles publiques, soit comme musées ; ils rappelèrent qu'en 1793, les sans-culottes les transformèrent en salles de réunions, — et même, en greniers à fourrages et en écuries ; ils ajoutaient qu'au Moyen-Age, époque de ferveur religieuse pourtant, les églises servaient à bien des usages, — les marchés s'y faisaient, et elles étaient aussi salles de spectacles. Par conséquent, autant par utilité que par sentiment artistique, ils opinaient pour la conservation des monuments religieux.

Contre cette thèse, d'autres s'élevaient avec vigueur. Ils se prononçaient pour qu'on abattît sans pitié tous les édifices cultuels. Et ceux qui prônaient cette destruction étaient loin d'être des hommes d'esprit barbare. Au contraire, ils étaient des plus cultivés. En eux, nulle haine du monument, — rien que la haine de la superstition dont il était le symbole. Ils proclamaient que la critique ne tue pas les religions ; qu'on peut en vain, de générations en générations, démontrer leur absurdité... qu'elles continuent à avoir des fidèles, tant que reste debout le centre d'attraction magnétique qu'est l'Eglise. Et ils ajoutaient que les premiers chrétiens savaient cela : à preuve qu'en véritables révolutionnaires, dès leur triomphe, ils avaient eu soin de jeter bas les temples du paganisme, — alors qu'il leur eût été si simple de les purifier et de les utiliser. Les chrétiens, observaient-ils, comprirent qu'à une foi nouvelle, il fallait des monuments nouveaux, — et ce fut leur force !

Ce sens révolutionnaire qu'eurent les chrétiens du quatrième siècle, les partisans de la démolition des églises ne le trouvaient pas chez les révolutionnaires de 1793-94 : « Piètres révolutionnaires qui, pour déchristianiser la France, se bornaient à abattre, en grande pompe, les bonshommes de pierre aux portails des églises, et croyaient être de la plus outrancière audace en transformant celles-ci en granges ou salles de réunion. Combien ils eussent été mieux inspirés en guillotinant moins de prêtres et en abattant davantage d'églises !... Aussi, quelques années après, on vit la conséquence de cette faute : quand Napoléon Ier voulut restaurer la religion chrétienne, rien ne fut plus simple : il n'y eut qu'à rouvrir les églises et les purifier. » Et ils concluaient : « Que la leçon du passé nous soit enseignement. Ne retombons pas dans les erreurs de nos aînés ! »

Contre cette tactique s'indignaient les amoureux des belles pierres ; ils plaidaient le respect des cathédrales où s'était incrustée l'âme de nos pères, — qui ne fut pas toujours très catholique.

Entre ces deux argumentations contradictoires, après de vives discussions, l'accord se faisait souvent par un compromis : on convenait de respecter les monuments qui symbolisaient une époque, disaient son art, — et d'être sans pitié pour les bâtisses affreuses, édifiées par des architectes qui avaient manqué d'art, autant que de foi.

Ainsi, dans bien des centres se préparait la déchristianisation. Mais, en ces circonstances, comme en toutes autres, se manifestait l'esprit de la révolution : elle prétendait modifier l'homme par la transformation du milieu. Et c'était pour cela que, tout en exécrant les superstitions, et tout en abattant les églises, les révolutionnaires respectaient la foi de chacun.

Ce respect des croyances suscita, au sein du catholicisme, une modification dont les premiers symptômes s'étaient déjà révélés en régime capitaliste, au lendemain de la séparation des églises et de l'Etat. Un certain nombre de prêtres, — principalement dans les campagnes, — s'étaient ingéniés à récupérer leur traitement en s'adonnant au travail. Les uns s'étaient fait apiculteurs, d'autres fabricants de conserves de légumes, de fruits, ou bien encore ébénistes, relieurs. Ils avaient ainsi, — peu ou prou, — cessé d'être des parasites, tout en restant des prêtres. Ils étaient donc un peu préparés à la vie de la société nouvelle, d'où les êtres parasitaires étaient éliminés. Aussi, tandis que les évêques et les prêtres des grands centres, habitués à la vie artificielle qui avait été la leur jusque-là, se trouvaient désemparés, les curés de village, à demi travailleurs, s'adaptaient sans encombre au milieu nouveau ; ils continuaient entre temps à remplir leurs fonctions cultuelles. Et ce, sans que nul y mît obstacle. Allait au prêche qui voulait.

Au surplus, l'indifférence religieuse allait s'accentuant. Déjà, avant la révolution, l'esprit d'examen ébranlait intérieurement le catholicisme : les prêtres qui s'étaient mis au travail se sentaient davantage indépendants de l'autorité épiscopale et, devenant audacieux, ils disaient leurs doutes ; aux absurdités du catholicisme, ils opposaient la parole de l'évangile et glissaient insensiblement à un vague christianisme, fort peu orthodoxe. Ce mouvement, la révolution l'accéléra.

L'important était que soient irrévocablement brisées toutes les castes religieuses ; que nul, arguant qu'il était prêtre, ministre protestant ou rabbin, ne pût se prétendre exonéré de travail et vivre sans rien faire, aux dépens de ses semblables. C'était le point principal. Ceci acquis, libre était chacun de croire ou de ne pas croire ; d'être chrétien ou spirite, bouddhiste ou théosophe. C'était affaire individuelle, sans répercussion sociale possible.

D'ailleurs, avec la montée du bien-être, — plus encore qu'avec l'instruction, — la foi baissait dans les populations. Autrefois, beaucoup cherchaient une consolation aux misères de la vie dans l'anéantissement au pied des autels, — comme d'autres espéraient la trouver au fond d'un verre d'alcool. La religion et l'alcoolisme remplissaient alors le rôle de stupéfiants, — l'un plus matériel, l'autre plus intellectuel, — auxquels recouraient bien des désespérés, choisissant l'un ou l'autre, suivant leurs conditions morales, leur degré de développement.

La sécurité matérielle, désormais assurée, avait contribué à enrayer ces pitoyables défaillances. L'alcoolisme disparaissait et la superstition perdait du terrain.

Certes, quoique la vie s'annonçât de plus en plus radieuse, la route n'était pas élaguée de toutes ronces et épines. Au delà du confort qui, maintenant, s'épandait sur tous, le problème du bonheur échappait aux prévisions sociales, étant question toute morale, toute de sentiment.

Malgré cela, en ce domaine psychologique, — comme en tout, — les effets de la transformation étaient sensibles ; les douleurs morales, les peines de sentiment, les angoisses intellectuelles étaient moins cuisantes, moins vives : n'étant plus doublées par la misère et les difficultés de l'existence, elles se trouvaient tempérées et émoussées en partie par l'extension du bien-être.

Les mœurs se modifiaient rapidement. Leur évolution déjà ébauchée avant la révolution, ne faisait que s'accentuer.

En régime capitaliste, la lutte qu'avaient menée les organisations syndicales contre l'alcoolisme avait été active, — et efficace. Pour n'en citer qu'un exemple, il suffira de rappeler qu'avant 1906, la corporation des terrassiers, jusque-là fort peu organisée, comptait un pourcentage considérable d'alcooliques. Or, peu d'années plus tard, lorsque le syndicat des terrassiers parisiens eût groupé la majeure partie des membres de la corporation, l'alcoolisme avait considérablement baissé, tandis que, par l'effort syndical, les salaires s'étaient élevés de 25 pour cent. Les terrassiers buvaient moins, — parce qu'ils avaient conquis du bien-être et parce que, parallèlement, ils s'étaient élevés en conscience et respect d'eux-mêmes.

Cette action tempérante n'avait pas été particulière aux terrassiers. Elle s'était constatée dans d'autres corporations. Aussi, grâce à la propagande syndicale, les établissements de boisson avaient vu leur clientèle décroître.

Avec la révolution les marchands de vin, — dont les boutiques avaient été surnommées « salons du pauvre », — étaient appelés à disparaître. Et cela, d'autant plus vite qu'ils avaient cessé de répondre à un besoin.

Tant que les ouvriers avaient dû s'astreindre à un travail intensif et excessif, ils avaient demandé à l'alcool le coup de fouet contre le surmenage ; d'autre part, après une longue journée de fatigue, ou pour rentrer le plus tard possible dans leur intérieur souvent misérable, c'était au cabaret qu'ils avaient trop coutume d'aller chercher un délassement. Là, en opposition au genre de leurs occupations professionnelles, ils s'absorbaient à jouer aux cartes, ou se dégourdissaient les membres à une partie de billard. De plus, le cabaret était pour eux lieu de rendez-vous, siège de diverses sociétés et groupes dont ils faisaient partie.

Puisqu'il n'y avait plus de pauvres, il était normal que disparussent les établissements qui leur avaient servi de « salons ».

Les habitudes se modifiaient donc, en même temps que le milieu, — et au moins autant !

D'abord, on vécut davantage la vie de famille, que l'industrialisme capitaliste avait rendue difficile, — et même anéantie dans certaines contrées, — en asservissant au travail non seulement l'homme, mais la femme, et aussi l'enfant. Comme il n'y avait plus de taudis malsains, comme toutes les habitations étaient agrémentées de confortable, on éprouva du charme à vivre dans son « chez soi ».

Quant aux lieux de rendez-vous communs, qui se substituèrent aux marchands de vins, aux cafés, aux bars, ils avaient un lointain rapport avec les anciens clubs : on y pouvait consommer, — mais ils étaient des centres de causerie, de lecture, de réunion, plus que de beuverie. Beaucoup avaient été installés dans les anciens cafés et établissements similaires et, — outre que les bibliothèques y avaient en partie détrôné la cave, — ils se distinguaient par leur aménagement artistique.

Certaines de ces salles étaient ornées de meubles, de tableaux, de sculptures, de bibelots des âges les plus divers, tandis que d'autres étaient de savantes reconstitutions d'une époque particulière : les unes évoquant les périodes médiévales ; d'autres rappelant l'époque de Molière, ou celle de Diderot ; d'autres dans le goût de 1793, soit de style 1830, ou second empire.

Ces reconstitutions, — qui montraient le goût sûr des ouvriers ayant présidé à leur installation, — s'étaient faites à peu de frais, avec les dépouilles des collections des « ci-devant » qui n'avaient pu trouver place dans les musées. Il y avait là des œuvres modernes que des bourgeois, riches d'argent et pauvres d'esprit, avaient acheté à prix fous, les croyant anciennes. L'authenticité de ces truquages, qui dénotaient l'habileté et le savoir des ouvriers qui les avaient exécutés, avait été, autant que possible, restituée à leurs auteurs, et certaines de ces œuvres portaient leur nom, ou celui de l'atelier dont elles sortaient.

C'était une ironique critique des engouements et des vanités de la société capitaliste qui, en même temps, soulignait combien à cette époque de mercantilisme, la fourberie, la duplicité, le mensonge étaient en honneur.

Ce fut une révision burlesque que firent les révolutionnaires lorsqu'ils prirent possession des collections particulières, amoncelées par les privilégiés du capital, par snobisme ou ostentation, — quelquefois avec arrière-pensée de spéculation, — et non par réelle passion d'art. Des ouvriers et des artistes, qualifiés par leur savoir et leur compétence, épluchèrent ces collections et, dans les plus réputées, ils constatèrent l'abondance des truquages. Un choix judicieux fut fait et, tandis qu'une partie de ces œuvres allait enrichir les musées et les bibliothèques, le reste était employé à la décoration des salles publiques, des maisons de retraite, de tous les lieux de réunion.

Il est superflu d'ajouter que les musées cessèrent d'être les incohérents amoncellements de richesses artistiques, incompréhensibles pour la masse, — et n'étant pour elle que piétrement éducatifs et guère plus récréatifs, — qu'ils avaient été autrefois. Ils furent remaniés, transformés, non par des ronds-de-cuir, mais par des hommes amoureux d'art et de goût sûr.

Le soin avec lequel il fut procédé à ces opérations dénota l'essor nouveau qu'allaient prendre les sentiments d'art : en se généralisant ils s'affineraient, gagneraient en simplicité, vérité et pureté, — et ne seraient plus altérés par les préoccupations de commercialisme qui, anciennement, les dévoyaient ou même les dominaient.

Dans cette opération du déménagement des collections particulières qui n'était que l'application de ses principes d'expropriation sociale, la révolution n'iunovait pas : elle ne faisait qu'imiter, — suivre l'exemple de régimes antérieurs.

En effet, comment, au dix-neuvième siècle, s'étaient enrichis les musées nationaux ? D'abord, grâce aux rafles opérées sans vergogne, au cours de leurs chevauchées à travers l'Europe, par les généraux de la république et du premier empire ; ils prenaient par droit de conquête, sans gêne, aussi bien ce qu'ils trouvaient dans les musées que chez les particuliers.

Les musées s'enrichirent aussi, grâce aux expropriations du clergé, des congrégations et grâce à celles qui suivirent la séparation des églises de l'Etat...

Maintenant, l'opération était de même ordre, — mais plus vaste : c'était la propriété capitaliste qu'on ramenait à la source commune.

En la plupart des cas, les palais somptueux des millionnaires avaient été transformés en maisons de santé ou de vieillesse. Et, sans pourtant les démeubler, il était naturel qu'on réservât pour les musées les œuvres d'art qui les ornaient. Là, elles seraient rendues à leur destination, car elles n'avaient pas été conçues pour être encagées, mais bien pour faire la joie des yeux, évoquer des émotions, être admirées.

Avant la révolution de 1789-93, l'art était surtout un privilège royal. Il devint ensuite le monopole du capital. Avec la révolution nouvelle, il allait s'universaliser, s'humaniser.

Successivement, avaient dominé l'art des prêtres,

l'art des rois, l'art des capitalistes : l'heure de l'art de l'humanité sonnait !

L'art, doublé de la science, comblerait le vide laissé dans les âmes par la mort des religions. Celles-ci avaient maudit la vie, maudit la beauté, condamné les sens et leur expansion joyeuse, exalté l'abaissement et le renoncement.

La vie allait prendre sa revanche ! L'être humain n'était plus rivé à la chaîne du salariat ; le but de son effort dépassait l'acquisition de ses moyens de subsistance. L'industrie n'était plus sa maîtresse, mais sa servante. Libéré de toutes entraves, il allait pouvoir s'épanouir sans contrainte.

Et il n'y avait pas à redouter que le niveau d'art baissât en s'universalisant. Loin de là, il gagnerait en étendue et en profondeur. Son domaine serait illimité ! Il imprégnerait toutes les productions. Il ne se restreindrait pas à peindre de grandes surfaces, à sculpter le marbre, à couler le bronze. L'art serait en tout ! Il serait dans le pichet à eau, comme dans les grandes décorations d'un Puvis de Chavannes ; dans les moindres objets usuels, comme dans un groupe de Constantin Meunier.

Et on ne verrait plus de grands artistes étouffés par la misère, enlisés par l'indifférence, — comme c'était trop souvent le cas autrefois !

Qui pourrait dénombrer les artistes de haute et admirable valeur qui, — comme les inventeurs, — pâtirent de la société capitaliste, moururent méconnus, tués par la faim, — ou disparurent sans laisser de traces, faute de circonstances favorables ?

Et combien, parmi ceux qui percèrent, durent lutter affreusement, subissant les pires souffrances, physiques et morales ? Encore, ceux-ci furent-ils chanceux !... Combien d'autres, après s'être débattus dans les angoisses et les difficultés, après avoir enduré toutes les douleurs, moururent à la peine, — et ne furent sacrés grands artistes qu'après leur mort ?

CHAPITRE XXX

La libération de la femme

Certes, si on eût sondé les cœurs et les reins, très probablement, on eût trouvé pas mal d'anciens bénéficiaires de la société capitaliste qui, en leur for intérieur, maudissaient la révolution, — et qui la subissaient, parce qu'ils ne pouvaient faire autrement : emportés par le courant, trop faibles pour surmonter les fatalités sociales, et n'étant pas d'humeur à se révolter contre elles, ils s'abandonnaient, n'essayaient pas de résister.

C'est ce qui avait eu lieu, lors de toutes les révolutions antérieures. Ainsi était-il encore ! Il y a, de par le monde, quantité d'êtres passifs qui s'adaptent sans regimber, qui suivent les pionniers, à condition que ceux-ci soient les vainqueurs !

Cette plasticité de la multitude, qui, aux époques d'exploitation et d'oppression, avait assuré le triomphe des classes dirigeantes, se trouvait maintenant mise au service de la révolution. Grâce à elle, les efforts des révolutionnaires eurent un plus heureux et plus facile aboutissement. Avec le minimum de heurts, les habitudes, les coutumes, les manières d'être se transformèrent profondément.

L'une des manifestations caractéristiques de cette transformation fut le mouvement d'évacuation des grandes villes. Rapidement, les énormes agglomérations humaines furent décongestionnées, et les populations s'essaimèrent vers leurs périphéries.

Cette tendance à la décentralisation était déjà sensible avant la révolution ; les banlieues des villes tentaculaires, — de Paris principalement, — s'étaient couvertes d'habitations et de chalets dont s'engouaient les populations ouvrières, heureuses de jouir un peu du grand air et d'acquérir un « chez soi » qui ne fût pas à la merci des propriétaires d'immeubles. Les nécessités du travail, la cherté des communications, — et aussi les impossibilités financières, — avaient entravé cette décentralisation, enrayé son essor. Maintenant que ces obstacles n'existaient plus ; maintenant que, par la suppression du commerce, de l'agio et de toutes les complications de la société capitaliste, la vie se trouvait simplifiée et allégée, la raison d'être de la centralisation urbaine disparaissait en grande partie. Aussi l'exode vers la campagne s'accentua.

Parallèlement à cet essor vers une existence semi-champêtre, plus individualisée, plus isolée, se développaient des coutumes de vivre davantage en commun, avec une industrialisation de plus en plus accentuée des soins ménagers.

L'apparente contradiction que, de prime abord, on pouvait découvrir entre ces deux tendances, était superficielle ; dans les deux cas, il y avait manifestation de l'ardent désir d'indépendance dont tous ressentaient le besoin. Seulement, cette indépendance, chacun la cherchait et la trouvait dans les conditions d'existence qui lui agréaient le mieux.

Dans les centres urbains, sous l'impulsion de la femme, désireuse de se libérer des corvées ménagères, beaucoup d'industries se développèrent qui, autrefois, étaient restées embryonnaires, faute de conditions favorables, — soit que ces industries n'aient pu rémunérer suffisamment le capital engagé, soit que le public ait trouvé leurs services trop onéreux.

Ces inconvénients n'existaient plus : l'utilité seule entrait en ligne de compte. Aussi effectuait-on des travaux et appliquait-on des découvertes qui eussent été irréalisables en régime capitaliste, — parce qu'on les eût tenus pour trop dispendieux, en comparaison du rendement obtenu.

Dans l'ordre ménager, on s'efforçait d'industrialiser les besognes fastidieuses qui, autrefois, étaient mises à charge de la domesticité par les classes riches et qui, chez les prolétaires, étaient accomplies par la femme.

Ainsi, le nettoyage des chaussures était effectué mécaniquement, par des machines inventées depuis longtemps d'ailleurs, et qui, maintenant, abondaient dans les lieux publics et les grands immeubles. On pouvait également se décharger sur des machines, — connues elles aussi depuis longtemps, — de la corvée de nettoyer les appartements. De même, le soin de laver la vaisselle, de nettoyer les vêtements n'incombait plus au travail humain. Ces besognes étaient industrialisées, tout comme le blanchissage du linge ; dans chaque rue, ou chaque bloc de maisons, était installé un service de nettoyage mécanique et des employés se chargeaient de prendre et de rapporter à domicile tout ce qui était à nettoyer. En outre, dans les magasins d'alimentation, toute une série de machines, — dont l'usage n'avait pu se répandre en régime capitaliste — étaient devenues d'application courante.

La préparation des repas n'obligeait plus aux insipides graillonnages d'antan : on pouvait se faire apporter, chez soi, des cuisines publiques, les plats qu'on avait commandés ; ou mieux, aller manger de compagnie, ou isolément, dans les restaurants publics qui, très confortablement installés, se trouvaient à portée.

Dans cet ordre de faits, bien des commodités et des aménagements, qu'il est superflu d'énumérer, avaient été mis en pratique, et d'autres étaient en passe de réalisation.

La femme n'était donc plus astreinte à être, selon le mot brutal de Proud'hon, « ménagère ou courtisane » ; elle n'avait pas, non plus, à poursuivre l'enfantin dada des suffragettes qui n'avaient vu de libération pour elle que dans la conquête du bulletin de vote. La femme pouvait rester femme, — dans le sens le plus féminin et le plus humain du mot, — sans avoir à singer l'homme, sans chercher à le supplanter dans les besognes dont il avait charge.

Bien des métiers restaient de la compétence de la femme, — et le resteraient encore longtemps. Seulement, de plus en plus, elle était libérée de toutes les besognes auxquelles elle avait été soumise, dans la société bourgeoise, non pas en raison de ses aptitudes, mais parce que son travail se payait avec un salaire moindre que celui des hommes.

Dans l'organisation nouvelle, il avait été jugé inutile de fixer pour la femme, — comme on l'avait fait pour l'homme, — l'obligation morale de fournir un temps de travail déterminé. On avait considéré que sa haute fonction de maternité possible la libérait de tous les autres devoirs sociaux. La femme était donc entièrement libre de disposer d'elle, de travailler ou non, — qu'elle consentît ou non à la maternité. Elle ne mésusa pas plus de cette liberté que n'en abusaient les hommes. Elle se réserva les fonctions en rapport avec ses aptitudes. En outre, elle s'occupa à des besognes diverses, telles que l'éducation des jeunes enfants et les soins à donner aux malades. Naturellement, elle travaillait moins longtemps et prenait plus de repos que l'homme et, en règle générale, elle quittait le travail dès les premiers symptômes de la maternité.

La femme n'avait pas, sous prétexte de simplicité, renoncé aux belles étoffes, aux attifements et aux fanfreluches. Il ne lui déplaisait pas, après s'être orné l'esprit, de parer son corps. Mais, elle n'était plus l'esclave de la mode. La disparition du commerce avait entraîné sa ruine, — au profit du goût. Désormais, elle s'habillait avec recherche, raisonnait ses parures, savait se les harmoniser. En cela consistait sa supériorité élégante, — et non plus en l'exhibition de dispendieuses toilettes qui extériorisaient la richesse, et non le goût.

La femme, groupée comme l'homme, dans des syndicats professionnels, était sur pied d'égalité avec lui et, comme lui, elle participait à l'administration sociale.

Cette indépendance matérielle et morale de la femme avait eu pour primordiale répercussion d'épurer et d'ennoblir les rapports sexuels. Désormais, les attirances mutuelles étaient le résultat de sympathie et d'amour, — et non de combinaisons plus ou moins écœurantes. Les odieux marchés, si communs autrefois, devenaient inconnus. L'homme ne faisait plus la chasse à la dot ! La jeune fille ne recherchait plus un entreteneur, — légal ou non ! Tous les mensonges, toutes les bassesses, toutes les promiscuités et les vilenies que l'appétit de la richesse et la peur de la pauvreté engendraient, — fleurs pestilentielles de l'inégalité, — avaient disparu, maintenant que l'aisance était le lot commun.

La maternité n'était plus redoutée. La femme, éduquée, consciente, l'acceptait à l'heure de son choix... L'enfant pouvait naître ! Libre serait la mère de l'élever elle-même, ou de le confier aux soins quasi-maternels de ses compagnes. Ce dont elle était certaine, c'est que l'enfantelet serait le bienvenu, — il y avait belle place pour lui au banquet social.

CONCLUSION

Nous voici parvenus à la fin de notre tâche. Nous avons évoqué, — trop imparfaitement il est certain, — la grande période révolutionnaire qui a transformé la France, lui apportant paix, bien-être, liberté !

Certes, la société nouvelle n'est pas parfaite. Bien des critiques peuvent être formulées. Il y a encore des frottements et des tiraillements. Le régime de la production laisse à désirer, de même le système de répartition...

Oui, l'idéal n'est pas atteint !... Le sera-t-il jamais ?...

Mais, si des ombres existent encore au tableau, du moins le mal de misère est vaincu et la route de l'avenir est déblayée, libre d'obstacles !

Nulle force coercitive ne peut se mettre en travers de l'évolution.

Comme nul n'a plus intérêt à ce que se perpétuent

les coutumes du passé ; comme nulle institution compressive ne peut, — ainsi que le fit l'Etat au cours des siècles, — étouffer les aspirations nouvelles, écraser dans l'œuf le progrès, la marche en avant va se continuer sans entraves.

Au fur et à mesure que telles améliorations, tels modes de vivre seront trouvés préférables, leur adoption se fera automatiquement, — sans que leurs partisans aient à lutter contre ceux qui n'en voudraient pas et, sans que ceux-ci puissent s'opposer à ceux-là.

Dans tous les domaines, — que ce soit dans le domaine économique ou dans le domaine moral, — en tous ! la révolution a marqué son empreinte féconde.

Un être humain sociable, — conséquence du milieu nouveau, de l'ambiance nouvelle, — s'est substitué à la bête humaine de la période capitaliste: l'homme est devenu bon, parce qu'il n'a plus intérêt à être mauvais !

A la lutte, aux rivalités, aux discordes, aux déchirements, et à la guerre entre humains, se sont substituées l'entente, la cordialité, l'entraide. La bataille ne continue que dans le domaine de la nature : sur ce terrain, en accord commun, les hommes surmontent les forces adverses, se les asservissent.

Et maintenant que toutes les appréhensions sont évanouies ; maintenant que la révolution se répercute à travers le monde, apportant également aux peuples, la paix, la liberté, le bien-être ; maintenant que nul danger, ni intérieur, ni extérieur, n'est à redouter... maintenant la vie est douce et bonne à vivre !

La joie monte ! La joie puisée dans la certitude que la révolution est irrévocable, que toute réaction est impossible.

Cette certitude ensoleille l'horizon.

Et devant l'homme régénéré, libéré de toutes les chaînes, de toutes les servitudes, s'ouvre, large et droite, la route de l'avenir.

FIN

TABLE DES MATIÈRES

Composé par des ouvriers syndiqués,
en commandite.

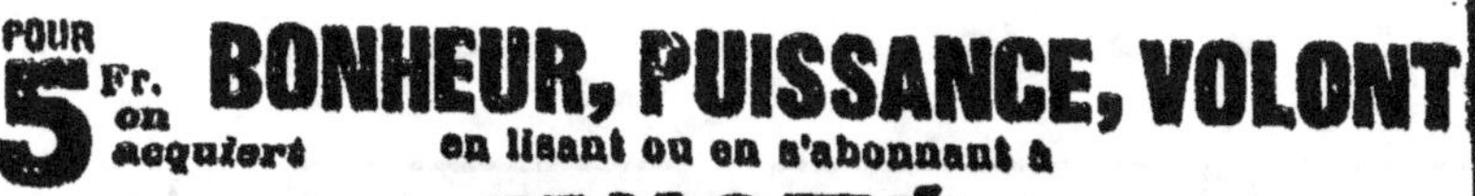

POUR 5 Fr. on acquiert
BONHEUR, PUISSANCE, VOLONT
en lisant ou en s'abonnant à
LA VIE MYSTÉRIEUSE

DIRECTEUR :
Professeur DONATO

Principaux Collaborateurs :

PAPUS, DURVILLE,
BOURGEAT, MAGOG,
Mme NUTTER, Dr ELY STAR,
SCHWAEBLÉ,
CARRANCE, GANCHE, etc.

JOURNAL POPULAIRE ILLUST
des SCIENCES OCCULTES
Paraissant le 10 et le 25.

MAGNÉTISME, SPIRITISME
MAGIE, ASTROLOGIE
GRAPHOLOGIE
CHIROMANCIE

La VIE MYSTÉRIEUSE vous enseigne à prédire vous-même l'avenir, vous initie aux secrets qui restent ignorés du commun des mortels.

Elle vous permet d'apprendre seul le magnétisme, l'hypnotisme.

Elle donne à tous des consultations médicales, astrologiques et graphologiques.

GRATUITEMENT
Tous les abonnés d'un an reçoivent
le SCARABÉE CONSACRÉ
des FAKIRS
monté en un ravissant bijou argent doré, épingle de cravate ou breloque (pouvant se porter d'une manière discrète). Cette bestiole magique est le véritable porte-bonheur de celui qui la porte et lui donne richesse et santé.

ABONNEMENT D'UN AN | FRANCE... 5 fr. | ÉTRANGER. 6 fr.

Prix du Numéro : 20 cent.
En Vente chez tous les Libraires et Marchds de Journaux et à l'Administration de LA VIE MYSTÉRIEUSE
23, Rue N.-D. de Recouvrance, PARIS.

BULLETIN D'ABONNEMENT
Je soussigné (1) ....
demeurant à ....
Rue ....
déclare m'abonner pour un an à La VIE MYSTÉRIEUSE à partir du (2)

Sous ce pli | 5 fr. (3) | montant de l'abonne-
            | 6 fr. | ment en ....

Veuillez m'envoyer la (4) ....
Scarabée que vous offrez aux abonnés.
SIGNATURE :

(1) Noms et adresse.
(2) Indiquer de quelle date doit partir l'abonnement.
(3) Rayer la somme inutile.
(4) Indiquer la prime désirée.

Imp. A. DENSÉ, 9, Rue Édouard-Jacques Paris.

Contraste insuffisant ou
différent, mauvaise qualité
d'impression

Under-contrast or different,
bad printing quality

Texte manquant ou pris
dans la reliure; reliure
trop serrée

Missing text or text caught
in the book-binding; too
tight book-binding

www.ingramcontent.com/pod-product-compliance
Lightning Source LLC
LaVergne TN
LVHW051055060726